SMARTPHONE

Books LLC®, Wiki Series, Memphis, USA, 2011. ISBN: 9781158820122. www.booksll
Copyright: http://creativecommons.org/licenses/by-sa/3.0/deed.de

Inhaltsverzeichnis

Apple iPhone 1	Nokia Internet Tablet 20	Smartphone 28
Asus A10 13	Nüvifone A50 23	Sony Ericsson Aino 31
BlackBerry 13	Palm Pre 23	Sony Ericsson Vivaz 31
HTC 7 Pro 18	Palm Treo 24	Symbian Foundation 31
HTC Smart 20	Samsung Wave II S8530 27	Xperia 32
Motorola A780 20	Samsung Wave S8500 27	

Apple iPhone

Das **iPhone** ist ein von Apple entwickeltes und 2007 auf den Markt gebrachtes Smartphone, das über einen Medienspieler verfügt und weitgehend über den Bildschirm gesteuert wird. Dieser besitzt eine Multi-Touch-Funktionalität, ermöglicht also eine Bedienung mit mehreren Fingern gleichzeitig. Darüber hinaus wird das iPhone mit vier Tasten und einem Schiebeschalter bedient.

Das US-Magazin *Time* wählte das iPhone zur „Erfindung des Jahres 2007". Häufig wurden die Bedienfreundlichkeit, der daraus resultierende Lebensstil-Faktor des Geräts und einige juristische Auseinandersetzungen um die Vermarktung in den Medien thematisiert. Bis März 2011 wurden über 100 Millionen Geräte verkauft.

Apple iPhone

Wartende iPhone-Käufer am 29. Juni 2007 vor einem AT&T-Store in New York City

Am 9. Januar 2007 stellte Apple einen Prototyp dieses Geräts auf seiner Macworld Conference & Expo in San Francisco vor. Anfang Juni 2007 kündigte Apple durch die Ausstrahlung eines TV-Werbespots den Verkaufsbeginn in den USA für den 29. Juni an. Dieser erfolgte in rund 200 *Apple-Stores* und etwa 1800 Verkaufsstellen des Netzbetreibers AT&T Wireless (ehemals *Cingular Wireless*). Die mit 4 GB-Speicher ausgestatteten Geräte wurden für 499 $, die 8-GB-Versionen für 599 $ angeboten. Laut dem Apple-Bericht für das dritte Quartal des Wirtschaftsjahres wurden innerhalb der ersten zwei Verkaufstage rund 270.000 iPhones inklusive Zubehör abgesetzt. Am 5. September verkündete Steve Jobs eine Preissenkung: Die 8-GB-Version sollte ab sofort nur 399 $ kosten, die 4-GB-Version wurde nicht mehr angeboten. Verärgerten Erstkunden bot Jobs tags darauf auf der Apple-Webseite einen Gutschein über 100 $ an. Wer das 8-GB-Gerät innerhalb der zehn Tage vor Ankündigung der Preissenkung gekauft hatte, sollte die volle Differenz von 200 $ erstattet bekommen. Im vierten Quartal des Wirtschaftsjahres 2006/ 2007 (bis 29. September 2007) wurden nach Angaben von Apple etwa 1,1 Millionen iPhones verkauft. Laut dem am 22. Oktober 2007 veröffentlichten Quartalsbericht waren damit insgesamt seit der Markteinführung rund 1,4 Millionen Exemplare abgesetzt worden.

In Europa wurde das Gerät ab dem 9. November 2007 angeboten. Zu diesem Zeitpunkt begann der Vertrieb in Deutschland ausschließlich über T-Mobile zum Preis von 399 Euro, gekoppelt mit einem Zweijahresvertrag und einer Sperre, die eine Nutzung des iPhones während der Mindestvertragslaufzeit ausschließlich im T-Mobile-Netz erlaubt. Im Gegenzug beteiligte T-Mobile das Unternehmen Apple an den monatlichen Umsätzen. Nach Ablauf der 24-monatigen Frist konnte diese Sperre kostenlos entfernt werden, sodass eine Aktivierung des Gerätes über iTunes auch mit SIM-Karten anderer Anbieter offiziell möglich wurde.

Ab dem 9. November war das iPhone auch in Großbritannien – hier ausschließlich über das Mobilfunkunternehmen *O* und das Vertriebsnetz von *Carphone Warehouse* – erhältlich. Der Kauf war für 269 £ (rund 387 Euro) nur mit einer Vertragsbindung an O möglich.

In Frankreich wurde das Gerät ab dem 28. November verkauft. Hier bekam die France-Télécom-Tochter *Orange* den Alleinvertrieb, musste das iPhone aber aufgrund eines französischen Gleichheitsgesetzes auch ohne SIM-Lock oder mit einer Option auf Freischaltung anbieten. Die Gerätepreise lagen hier zwischen 399 Euro (mit Vertragsbindung) und 749 Euro (inklusive 100 Euro Freischaltungsgebühr, ohne Vertrag).

Am 17. März 2009 wurde bei der

Vorstellung von iPhone OS 3.0 darauf hingewiesen, dass es nun in 80 Ländern verfügbar war. 2008 verkaufte Apple 13,7 Millionen iPhones.

Der „Großvater" des iPhone: das Newton MessagePad

Das iPhone (erste Generation) im Dock

Apple iPhone 3G

iPhone (1. Generation) (links)
iPhone 3G (rechts)

Am 9. Juni 2008 wurde auf der Apple Worldwide Developers Conference 2008 das *iPhone 3G* vorgestellt. Wie von Steve Jobs bereits im September 2007 angekündigt, wurden die Kommunikationsfähigkeiten des iPhones erweitert. Ab dem 11. Juli wurde die neue Geräteversion parallel in 21 Ländern ausgeliefert, darunter in Deutschland, Österreich und der Schweiz. Am 17. Juli begann der Verkauf in Frankreich. Zusätzlich zu EDGE unterstützt das 3G-Modell die Mobilfunkstandards UMTS/HSDPA. Außerdem ist die Standortbestimmung mittels A-GPS möglich. Das iPhone mit 8 GB wird mit schwarzer Gehäuserückseite ausgeliefert, bei der 16 GB-Variante gibt es auch weiße Geräte. Dabei wird die rückseitige Hülle künftig aus Kunststoff hergestellt. Als Grund dafür wurde eine bessere Empfangsleistung bei niedrigerem Energieverbrauch angegeben. Die Preise wurden gegenüber dem Vorgängermodell gesenkt; in den USA war das iPhone 3G zum Beispiel für 199 $ (8 GB) bzw. 299 $ (16 GB) erhältlich, in Deutschland lag der von T-Mobile subventionierte Preis je nach Tarifbindung für die 8-GB-Variante zwischen einem Euro und 169,95 Euro, beziehungsweise zwischen 19,95 Euro und 249,95 Euro für die 16 GB-Variante.

Apple iPhone 3GS

iPhone 3G (links)
iPhone 3GS (rechts)

Am 8. Juni 2009 stellte der Marketingchef Phil Schiller im Rahmen der Apple Worldwide Developers Conference das iPhone 3GS vor. Das *S* in der Modellbezeichnung des iPhones stand für *Speed*. Die Arbeitsgeschwindigkeit und Internetverbindung wurde gegenüber dem Vorgängermodell beschleunigt. Unterschiede des iPhones 3GS gegenüber dem iPhone 3G sind: HSDPA mit bis zu 7,2 Mbit/s anstelle von 3,6 Mbit/s (siehe Meldungen von März 2009); Kamera mit 3-Megapixel-Auflösung anstelle von vormals 2-Megapixel-Auflösung (siehe Meldungen von April 2009); eine Videoaufnahme- und Videoschnittfunktion (siehe auch Meldungen von April 2009); eine 32-Gigabyte-Version anstelle zuvor maximal 16-Gigabyte; längere Akkulaufzeiten; bessere 3D-Grafik durch Unterstützung des OpenGL-ES-2.0-Standards; ein Magnetometer (digitaler Kompass). Laut Experten der Halbleiterindustrie hat Apple die digitalen 3-Megapixel-Kamerasensoren bei dem Unternehmen *OmniVision* in Auftrag gegeben. Diese Bildsensoren unterstützen die Aufnahme von Videos mit einer Geschwindigkeit von maximal 30 Bildern pro Sekunde. Außerdem produzieren diese Kamerasensoren mit einer Wavefront-Coding-Technologie schärfere Bilder.

Apple iPhone 4

Steve Jobs präsentiert das iPhone 4

Der Inhalt der iPhone 4-Box. Von links nach rechts: Deckel, iPhone 4 in einer Plastikhülle, Bedienungsanleitung und (von oben nach unten) die Kopfhörer, das USB-Kabel und der Adapter.

Am 7. Juni 2010 stellte Steve Jobs auf der WWDC die vierte iPhone-Generation vor und kündigte den Verkaufsstart für den 24. Juni an. Dieser wurde jedoch auf Grund der hohen Nachfrage von über 600.000 Vorbestellungen innerhalb der ersten 24 Stunden verschoben. Apple gab an, nicht mit einem solchen Ansturm gerechnet zu haben, und davon völlig überrascht worden zu sein. In den ersten drei Verkaufstagen wurde das *iPhone 4* nach Angaben von Apple 1,7 Mio. Mal verkauft, das waren 700.000 Exemplare mehr als beim *iPhone 3GS* im Jahr zuvor. Die reinen Herstellungs- und Materialkosten des iPhone 4 bezifferte das Marktforschungsunternehmen iSuppli mit 188 $ pro Stück.

Das Handy-Gehäuse wurde neu gestaltet und besteht aus einem rostfreien Edelstahl-Rahmen, der gleichzeitig als Antenne fungiert. Vorder- und Rückseite bestehen aus einem versiegelten und kratzfesten Sicherheitsglas. Insgesamt ist das iPhone 9,3 Millimeter dick, also rund 3 Millimeter dünner als sein Vorgänger.

Als Verbesserung wurde das neue 89-Millimeter-(3,5")-Display mit einer Auflösung von 960 × 640 Pixel und IPS-Technik präsentiert. Im Vergleich zum Vorgängermodell mit 480 × 320 Pixel wurde die Zahl der Pixel vervierfacht. Die Pixeldichte beträgt demnach 326 ppi – bei einem Betrachtungsabstand von rund 25 cm kann das menschliche Auge die einzelnen Pixel nicht mehr unterscheiden. Bezugnehmend auf die Auflösung der menschlichen Netzhaut vermarktet Apple den Bildschirm unter der Bezeichnung Retina-Display.

Das iPhone 4 wird mit dem Betriebssystem für mobile Geräte iOS 4 ausgeliefert und unterstützt erstmals Multitasking für Applikationen von Drittanbietern.

Für die Kamera wird eine Auflösung von fünf statt bislang drei Megapixel, ein LED-Blitz, fünffacher digitaler Zoom und ein verbesserter Sensor-Chip verwendet. Letzterer filtert das Umgebungslicht besser heraus. Zusätzlich sind mit der neuen Kamera nun HD-Videoaufnahmen (720p) möglich. Dazu kommt eine zweite VGA-Kamera auf der Vorderseite des Gerätes, die vor allem bei Videochats (FaceTime) zum Einsatz kommen soll.

Für die Telefoniefunktion wurde eine Option für Videochats angekündigt. Diese *FaceTime* genannte Funktion kann nur mit einer WiFi-Verbindung zwischen einem iPhone 4, einem Mac, iPod Touch der 4. Generation und einem iPad der 2. Generation genutzt werden.

Ein zusätzliches Mikrofon sollte Umgebungsgeräusche herausfiltern und so die Sprachqualität des Telefons verbessern. Ein verbesserter Akku sollte in Kombination mit dem neuen Prozessor die Laufzeiten um bis zu 40 Prozent verlängern, der bereits im iPad verbaute A4-Prozessor die Geschwindigkeit steigern. Außerdem hat Apple den Systemspeicher im Vergleich zum Vorgängermodell und zum iPad der 1. Generation auf 512 MB verdoppelt. Ein 3D-Bewegungssensor (Gyroskop) sollte vor allem bei Spielen neue Funktionen ermöglichen.

Mit der kostenpflichtigen Anwendung *iMovie-App*, die über den App Store vertrieben wird, können Videos direkt auf dem Gerät weiterverarbeitet werden.

Nach mehreren Komplikationen erschien das weiße iPhone 4 am 28. April 2011.

Die in den Medien diskutierten Empfangsprobleme des Smartphones wies Apple-Chef Steve Jobs zurück und verwies auf eine generell auftretende Empfangsbeeinträchtigung von Smartphones durch ein festes Umfassen des Gehäuses. Dieses Statement zusammen mit dem Eingeständnis eines Software-Berechnungsfehlers, der sich seit dem iPhone 3G durch iOS zieht, hat bei vielen anderen Mitwettbewerbern (RIM, Nokia, HTC, etc.) für Empörung gesorgt.

Markteinführungen und Vertrieb

Der iPhone-Verkaufsstart in den USA war am 29. Juni 2007. Das Mobiltelefon wurde in den USA ausschließlich in Kooperation mit dem amerikanischen Mobilfunkkonzern AT&T Wireless angeboten. In Europa wurde das Gerät ab 9. November 2007 verkauft; zuerst in Deutschland und Großbritannien, ab 28. November auch in Frankreich und ab 14. März 2008 in Österreich und Irland.

In fast allen Ländern, in denen das iPhone 3G verfügbar war, begann der Verkauf parallel am 11. Juli 2008.

Verkaufsstart des iPhone 3GS war der 19. Juni 2009; unter anderem in den USA und Deutschland. Die bisher letzten Markteinführungen waren im Oktober 2009 in China und im November 2009 in Südkorea; damit ist das Gerät in insgesamt 86 Ländern erhältlich.

Der Verkauf des iPhone 4 in den USA, Frankreich, Großbritannien, Japan und Deutschland startete am 24. Juni 2010. Die Modelle in weiß oder schwarz sind in den USA für 199 $ für 16 GB beziehungsweise 299 $ für 32 GB in Verbindung mit einem AT&T Vertrag erwerbbar. In Deutschland kostet das iPhone 4 mit Vertragsbindung mit 16 GB zwischen einem und 299,95 Euro, mit 32 GB zwischen einem und 399,95 Euro.

Die offiziellen Preise von Apple sind derzeit (Stand: Oktober 2010) in Deutschland und Frankreich für das 16-GB-Modell 629 Euro und für das 32-GB-Modell 739 Euro. In Großbritannien kostet die kleine Variante 499 £ (ca. 605 Euro), die große 599 £ (ca. 725 Euro, simlock/netlock frei und ohne Vertrag) (Stand: 3. Juli 2010). Vertragsfrei kostet ein iPhone in Liechtenstein für die 16 GB-Variante CHF 899 und für die 32 GB-Variante CHF 1099. In der Schweiz kostet das 16-GB-Modell 769 Franken und das 32-GB-Modell 899 Franken.

In Deutschland lagen die exklusiven Vertriebsrechte bis zum 27. Oktober 2010 bei der Telekom. Seitdem ist das iPhone auch bei Vodafone und O erhältlich. Auch in der Schweiz bieten es alle größeren Telekomanbieter an.

Seit 29. November 2010 bieten in Österreich neben T-Mobile Austria und Orange Austria auch die Netzbetreiber 3 und A1 Telekom Austria das iPhone 4 mit ihren Mobilfunkverträgen an.

Verkaufszahlen

Das Finanzjahr von Apple läuft von Oktober bis September. Dementsprechend umfasst das erste Quartal die Monate Oktober bis Dezember, also auch das Weihnachtsgeschäft. Das zweite Quartal umfasst die Monate Januar bis März, das dritte die Monate April bis Juni. Im vierten Quartal wird üblicherweise die jeweils neueste iPhone-Version vorgestellt.

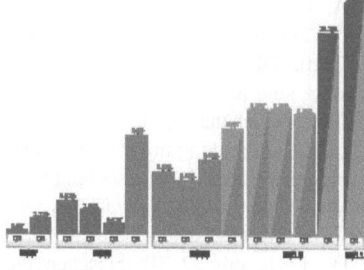

Verkaufszahlen des iPhones:
- iPhone
- iPhone 3G
- iPhone 3GS
- iPhone 4

Namensstreit

Bereits 1996 brachte das Unternehmen Infogear Technology ein Tischtelefon mit E-Mail-Client unter dem Namen *iPhone* heraus und ließ dies markenrechtlich schützen. Das Unternehmen wurde im Jahr 2000 von Cisco Systems aufgekauft; damit ging auch das Markenrecht an *iPhone* in den USA auf Cisco über. Im Dezember 2006 gab dann Ciscos Tochterunternehmen Linksys die Markteinführung einer Produktfamilie von VoIP-Telefonen unter der Bezeichnung *iPhone* bekannt.

Im Dezember 1999 hatte sich Apple die Internet-Domain *iphone.org* registrieren lassen. Im September 2005 stellte Apple das Motorola *ROKR E1* vor, das als erstes Mobiltelefon mit iTunes synchronisiert werden konnte. Gleichzeitig wurde eine entsprechende Aktualisierung des Programms zur Verfügung gestellt, um den Austausch von Audio-Dateien zu ermöglichen. Offenbar waren die Apple-Designer bis 2005 mit der Entwicklung der iPod-Linie ausgelastet gewesen, sodass keine Kapazitäten für ein neues Produkt übrig blieben und eine strategische Partnerschaft mit Motorola eingegangen werden musste. Schon kurz darauf sickerte jedoch durch, dass Steve Jobs mit dem *ROKR* unzufrieden sei, weil es als Fremdprodukt nicht in die Designlinie der Apple-Produktpalette passte. Diese Einschätzung wurde im September 2006 von Apple durch den Entzug der *ROKR*-Unterstützung bei *iTunes* bestätigt. Stattdessen wurde eine weitere *iTunes*-Aktualisierung mit Unterstützung für ein noch unbekanntes Mobiltelefon veröffentlicht, das offensichtlich nicht nur Audio-, sondern auch Video- und Bilddateien wiedergeben können sollte. Dies führte in verschiedenen Medien zu Spekulationen über ein zu erwartendes Apple-Mobiltelefon, die bis zum Jahresende 2006 immer konkreter wurden.

Nach einer Markenrechtsklage Ciscos gegen Apple vom 10. Januar 2007 erzielten die beiden Unternehmen am 22. Februar 2007 nach außergerichtlichen Verhandlungen eine Einigung, die vorsah, dass beide Unternehmen den Markennamen weltweit nutzen durften. Im Gegenzug wurde geprüft, ob eine Interoperabilität beider Unternehmen in den Bereichen Sicherheit sowie Kommunikation für Verbraucher und Geschäftskunden möglich ist.

Neben Cisco Systems beanspruchte auch das kanadische Unternehmen Comwave Telecom aus Toronto die Markenrechte an *iPhone*. Comwave Telecom vertreibt seit 2004 einen VoIP-Dienst einschließlich eigenem Mobilgerät unter dieser Marke. Allerdings wurde von Comwave Telecom der Markenschutz in Kanada erst 2005 beantragt, aber das *Canadian Intellectual Property Office* (CIPO) hat bislang die Rechte an *iPhone* noch nicht vergeben.

In Deutschland betreibt auch die Freenet AG einen VoIP-Dienst unter dem Namen *iPhone*.

Nachahmungen

Eine iPhone-Nachahmung namens Cect i9

LG Electronics warf Apple im Februar 2007 vor, das Design des iPhones vom *Prada phone by LG* kopiert zu haben. Dieses Mobiltelefon – mit Touchscreen und stiftloser Bedienung – wurde bereits im September 2006, rund vier Monate vor der ersten Präsentation des iPhones, vorgestellt und sein Design ausgezeichnet. Von juristischen Schritten seitens LG wurde seither allerdings nichts bekannt.

Juristische Auseinandersetzungen

Berichterstattung

Vor der offiziellen Vorstellung des iPhones mahnte Apple Blogger ab, die bereits über ein iPhone berichtet hatten.

Visual Voicemail

Im Dezember 2007 erhob das US-Unternehmen *Klausner Technologies* Klage gegen Apple und AT&T wegen vermuteter widerrechtlicher Nutzung von zwei Patenten bei Visual Voicemail.

Verkauf mit Vertragsbindung

Am 19. November 2007 erwirkte T-Mobile-Konkurrent Vodafone (D2) beim Landgericht Hamburg eine einstweilige Verfügung gegen den Exklusivvertrieb des iPhones in Deutschland. Vodafone-Geschäftsführer Friedrich Joussen erklärte, man wolle nicht den Vertrieb an sich verbieten lassen, sondern nur den Verkauf des Gerätes ohne zwangsweise Vertragsbindung ermöglichen. Vodafone selbst hatte sich im Sommer 2007 aus den Vertragsverhandlungen mit Apple zurückgezogen, nachdem Apple eine Umsatzbeteiligung von rund einem Drittel verlangt hatte. T-Mobile kündigte am 20. November 2007 Einspruch an, das Unternehmen wolle sich aber bis zu einer endgültigen Entscheidung an die Auflagen der Verfügung halten. In dieser heißt es unter anderem, dass das iPhone nicht mehr verkauft werden darf, „wenn es nur in Verbindung mit dem Abschluss eines Mobilfunkvertrages […] mit einer Mindestvertragslaufzeit von 24 Monaten angeboten […] wird." Der Mobilfunk-Anbieter debitel legte ebenfalls am 20. November 2007 wegen der T-Mobile-Vertragsgestaltung Beschwerde bei der Bundesnetzagentur ein. Bereits am Tag danach korrigierte T-Mobile sein Vertriebsmodell: Vertragsgebundene Geräte würden weiterhin für 399 Euro verkauft, zusätzlich bestehe jedoch die Möglichkeit, für 999 Euro ein iPhone ohne SIM-Lock zu erwerben, das in allen Mobilfunknetzen eingesetzt werden könne. Geräte, die in der 47. Kalenderwoche bereits verkauft wurden, könnten kostenlos entsperrt werden. Am 4. Dezember 2007 hob das Landgericht Hamburg seine einstweilige Verfügung wieder auf, anschließend erklärte T-Mobile, dass ab sofort wieder nur noch vertragsgebundene iPhones verkauft würden. Der Vertrieb der SIM-Lock-freien Geräte werde eingestellt. Gegen das Urteil wurde innerhalb der einmonatigen Frist keine Berufung eingelegt; es wurde somit im Januar 2008 rechtskräftig.

Verschiedene Händler verkaufen das iPhone in Deutschland ohne Vertrag. Meist handelt es sich um Geräte, die aus dem EU-Ausland importiert wurden. Am 25. Juni 2009 startete der Mobilfunkanbieter simyo die Petition „Free iPhones". Die Initiative setzte sich für den freien Verkauf des iPhones ein und zwar unabhängig von Anbietern, Tarifen und Netz. Die Petition wurde am 8. April 2010 durch simyo mit mehr als 25.000 abgegebenen Stimmen beendet und an Apple übergeben. T-Mobile wurde im August 2009 für die Aussage „exklusiv bei T-Mobile" von einem Mitbewerber abgemahnt.

Seit der Einführung des ersten iPhone lagen die Exklusivvertriebsrechte des iPhones bei der Deutschen Telekom. Bei Vodafone und O ist das iPhone 4 seit dem 27. Oktober 2010 erhältlich. Bei O, im deutschen Apple Store sowie bei einigen Mobilfunkdiscountern sind die Geräte ohne Vertragsbindung zu beziehen.

Technik

iPhone (Generation 1, 2007)

Rückseite des iPhones (1. Generation) mit Digitalkamera

Prozessor

Im Apple iPhone der ersten Generation und im iPhone 3G arbeiten ein 667-MHz-ARM-1176-Prozessor (getaktet mit 412 MHz).

Bedienung

Das iPhone ist mit einem kapazitiven Bildschirm (Touchscreen) unter einer Abdeckung aus optischem Glas ausgestattet, den Apple als *Multi-Touch* bezeichnet und der bis zu fünf Berührungsimpulse gleichzeitig verarbeiten kann. Die Bedienung ist sowohl mit Fingern, als auch mit einem leitfähigen Eingabestift möglich. Das iPhone verfügt lediglich über fünf physische Bedienelemente: die Home-Taste auf der Vorderseite, seitlich zwei Tasten zur Lautstärkeregelung, einen Schalter zum Stummschalten und oben die Standby-Taste. Zum Schreiben wird an entsprechenden Stellen eine Tastatur eingeblendet; zur Eingabe von Ziffern (beispielsweise beim Schreiben einer Telefonnummer) kann ein Ziffernblock angezeigt werden.

Sensoren

Die erste iPhone-Generation hat drei Sensoren:
- Durch einen Näherungssensor wird bei dem Gerät automatisch die Eingabefunktion sowie die Bildschirmbeleuchtung ausgeschaltet, wenn es ans Ohr gehalten wird.
- Die Anzeige wird ferner automatisch umgestellt, wenn das Gerät vertikal oder horizontal gehalten wird. Dazu dient ein Drei-Achsen-Beschleunigungssensor.
- Über einen zuschaltbaren Helligkeitssensor kann die Bildschirmhelligkeit an die Lichtverhältnisse der Umgebung angepasst werden, wodurch sich die Akkulaufzeit deutlich erhöht.

Mobilfunk und Vernetzung

Die Telefonie erfolgt bei der ersten Version des iPhones ausschließlich über GSM und Daten können per EDGE empfangen werden.

Das Gerät ist ein Quadband-Telefon und unterstützt die Frequenzen 850, 900, 1800 und 1900 MHz. Des Weiteren kann es sich per WLAN (802.11b/g) oder Bluetooth verbinden. Da sich das iPhone nicht an den Bluetooth-Standard *Advanced Audio Distribution Profile* (A2DP) hielt, war eine Zusammenarbeit mit entsprechenden Bluetooth-Stereo-Geräten wie Kopfhörern und Autoradioschnittstellen anderer Hersteller nicht möglich. Dies änderte sich mit der Einführung von Software Version 3.0.1. Zahlreiche andere Bluetooth-Profile sind nicht vorhanden oder aktiviert. Das hat unter anderem auch zur Folge, dass sich keine Daten mit anderen Bluetoothgeräten austauschen lassen. Das iPhone der ersten Generation unterstützt auch keinen Breitbandzugang per UMTS oder HSDPA. Auch die im November 2007 eingeführte Europa-Version verfügt nicht über UMTS.

Das iPhone der ersten Generation verfügt über keinen GPS-Empfänger. Eine Ortsbestimmung (und Anzeige in Google Maps) ist dennoch möglich, sie basiert auf Triangulation der jeweils vom iPhone empfangenen Mobilfunkzellen sowie der Auswertung von bekannten WLAN-Hotspots. In Städten ist die erreichbare Genauigkeit mitunter relativ hoch und kann unter 50 Meter liegen, eine Internetverbindung ist zur Positionsbestimmung wegen der Online-Standortabfragen der empfangenen Zellen zwingend notwendig.

Medienwiedergabe

Größenvergleich zwischen einem iPod (4G), iPhone und iPod Nano (1G, von unten nach oben)

Der Prozessor des iPhones ermöglicht das Abspielen von hochauflösenden komprimierten Videos im H.264-Standard, die auf die 480 × 320 Pixel des Bildschirms heruntergerechnet werden. MMS für Audio und Video wird nicht unterstützt, was Apple Kritik einbrachte, da dieser Dienst bei anderen Handys fast durchweg Standard ist. Einzig für Fotodateien lässt sich die MMS Funktion durch Aufspielen der 3.0 Software-Version ergänzen (betrifft nur 3G,3GS). Das Gerät besitzt sämtliche Funktionen des Apple iPod mit Video-Abspielmöglichkeit und die aus iTunes bekannten Animationen der CD-Titelbilder *(Cover Flow)*. Bei der Wiedergabe von Videos wechselt die Ansicht in die Horizontale, wodurch man einen *Widescreen*-Bildschirm erhält.

Sprechgarnitur

Das vom Hersteller mitgelieferte Headset des iPhones ist mit weißen Stereokopfhörern ausgestattet und verfügt über ein Mikrofon. Es verfügt darüber hinaus über einen sogenannten „Klicker", mit dem man in verschiedenen Situationen das iPhone steuern kann.

Digitalkamera

Das Gerät verfügt über eine Zwei-Megapixel-Digitalkamera, deren Linsenöffnung ohne Abdeckung in der Rückwand des Mobiltelefons ausgespart ist und die im Gegensatz zum Nachfolgemodell *3GS* keine Videosequenzen, sondern nur einzelne Bilder aufnehmen kann. Diese Beschränkung ist jedoch nur im Fehlen der entsprechenden Software begründet, auch ältere Modelle lassen sich nach einer von Apple nicht autorisierten Modifikation des Betriebssystems (siehe *Entsperrung*) mit einer Videosoftware nachrüsten.

Datenspeicher

Der Speicher ist ein 4 GB, 8 GB oder 16 GB großer NAND-Flash-Speicher. Ein Erweiterungssteckplatz für Speicherkarten ist nicht vorhanden. Die Größe des Arbeitsspeichers (RAM) beträgt 128 MB DRAM.

Energiespeicher

Die Akkukapazität des Lithium-Polymer-Akkus genügt laut Hersteller für Telefongespräche von bis zu acht Stunden sowie sieben Stunden für Videofunktionen und sechs Stunden Surfen im Internet. Sie solle ferner ausreichen, um bis zu 24 Stunden Musik hören zu können. Die Akkukapazität im Standby-Modus betrage 250 Stunden. Nach ersten Tests beträgt die Sprechzeit über sieben Stunden, Musik kann man knapp über 22 Stunden lang hören, und bei Internetnutzung entlädt sich der Akku in etwas mehr als neun Stunden. Oftmals erreicht der Akku erst nach einigen Wochen Betrieb seine volle Leistungsfähigkeit, daher können die Laufzeiten bei Neugeräten kürzer sein.

Der eingebaute Akku kann vom Anwender nicht selbst ausgetauscht werden. Apple bietet in den USA den Wechsel für rund 86 $ (inklusive Versandkosten) innerhalb von drei Werktagen an. Das Unternehmen wurde von amerikanischen Verbraucherschützern kritisiert, dieses für Highend-Smartphones unübliche und teure Verfahren nicht öffentlich zu kommunizieren.

Anschlüsse

Das iPhone verfügt über eine 30-polige Anschlussbuchse *Dock-Connector*, die physikalisch weitgehend identisch mit der der iPods ist. Der Anschluss enthält Leitungen für Stereoton, Composite-Video (FBAS), Komponenten-Video (NTSC und PAL, eine Neuerung gegenüber früheren iPods, die einen S-Video Ausgang haben; für die Verwendung dieses Ausgangs mit typischen europäischen Fernsehern wird eine Wandlerbox zur Wandlung in ein SCART-RGB-Signal benötigt), eine serielle Schnittstelle (zum Beispiel zur Steuerung), USB und FireWire. Das iPhone verfügt nicht über einen speziellen Antennenanschluss. Auf der Oberseite des iPhones ist eine 3,5 Millimeter-Klinkenbuchse mit vier Kontakten (Stereoübertragung plus Zusatzleitung zum Anschluss des Mikrofons des Headsets oder eines *TTY*-Schreibtelefons für Gehörlose und Schwerhörige) untergebracht, in die Kopfhörer und Headsets eingesteckt werden können.

iPhone 3G (Generation 2, 2008)

Mobilfunk und Vernetzung

Die bedeutendste Neuerung war, dass das iPhone 3G auch UMTS-Mobilfunk unterstützt. Außerdem ist die Verwendung von HSDPA, einer Verbesserung von UMTS möglich, soweit dies netzseitig implementiert ist.

Digitalkamera

Die eingebaute Kamera entspricht der Kamera aus der ersten Generation. Allerdings ist die Videofunktion über Programme aus dem Apple AppStore nachrüstbar. Diese gehen aber sehr zu Lasten des Akkus und sollten nur mit vollem Akku oder angeschlossenem Netzkabel verwendet werden. Die Qualität der aufgezeichneten Videos ist im Gegensatz zum iPhone 3GS etwas schlechter.

Datenspeicher

Das iPhone 3G verfügt (je nach Modell) über einen 8 oder 16 GB großen NAND-Flash-Speicher für Daten. Seit der Einführung des iPhone 3GS wird das iPhone 3G nur noch in der 8-GB-Version hergestellt. Außerdem verfügt es über 128 MB Arbeitsspeicher.

Positionsbestimmung

Mit dem eingebauten GPS-Modul ist es möglich, über *Google Maps* seine exakte Position zu bestimmen; vorausgesetzt wird eine aktive Internet-Verbindung zum Abrufen des Kartenmaterials. Drittanbieter wie Navigon und TomTom haben iPhone-Versionen ihrer Navigationssoftware entwickelt und im App Store veröffentlicht. Einige Kritiker bemängelten, dass die GPS-Antenne (eine der zehn internen Antennen) zu klein sei, um eine genaue Ortung zuzulassen. Viele Tests berichteten jedoch von punktgenauer Ortung. Neben den GPS-Positionsdaten werden auch A-GPS Informationen von Mobilfunkmasten und WLAN-Access-Points verwendet, um die Positionsbestimmung auch ohne GPS zu ermöglichen (z. B. in Gebäuden) und allgemein die Genauigkeit zu erhöhen.

Viele im App Store erhältliche Programme verwenden das GPS-Modul, beispielsweise um einen gelaufenen Weg nachzuvollziehen oder um die Geschwindigkeit zu ermitteln.

iPhone 3GS (Generation 3, 2009)

Mobilfunk und Vernetzung

Das iPhone 3GS bietet eine Übertragungsgeschwindigkeit im Download von bis zu 7,2 Mbps mit HSDPA.

Positionsbestimmung

Das Gerät hat einen Magnetometer und verfügt dadurch über einen digitalen Kompass.

Digitalkamera

Die 3-Megapixel-Kamera mit Kamerasensoren von OmniVision bietet eine Videoaufnahme- und Videoschnittfunktion an. Die Aufnahme von Videos erfolgt mit einer Geschwindigkeit von maximal 30 Bildern pro Sekunde. Die Kamera verfügt über ein Autofokus-Objektiv, einen automatischen Weißabgleich und für Nahaufnahmen über eine automatische Makrofunktion.

Prozessor und Grafikprozessor

Das iPhone 3GS bietet eine bessere 3D-Grafik durch Unterstützung des OpenGL ES 2.0 Standards. Der Hauptprozessor ist ein Samsung S5PC100 mit einem mit 600 MHz getakteten Cortex A8 des Unternehmens ARM Limited. Als Grafikprozessor findet ein PowerVR SGX Verwendung.

Datenspeicher

Das Gerät verfügt (je nach Modell) über einen 16 oder 32 GB großen NAND-Flash-Speicher für Daten. Seit der Einführung des iPhone 4 wird das iPhone 3GS nur noch in einer 8-GB-Version hergestellt. Außerdem verfügt es über 256 MB Arbeitsspeicher.

Energiespeicher

Das iPhone 3GS bietet längere Akkulaufzeiten gegenüber seinen Vorgängern.

iPhone 4 (Generation 4, 2010)

Gyroskop

Apple setzt beim iPhone 4 nicht mehr ausschließlich auf den bei den Vorgängermodellen eingesetzten Beschleunigungssensor, sondern auch auf ein 3-achsiges Gyroskop. Es ist damit möglich, Rotationen um alle drei Raumachsen zu erfassen und so weitere Optionen, besonders bei Spielen, zur Verfügung zu stellen.

Mobilfunk und Vernetzung

Das iPhone 4 bietet gegenüber seinem Vorgänger UMTS-Datenübertragung über HSUPA mit bis zu 5,7 Mbps Geschwindigkeit an. Für Wi-Fi-Verbindungen unterstützt es die Standards IEEE 802.11b/g/n, wobei bei 802.11n nur der Betrieb im teilweise stark frequentierten 2,4-GHz-Band möglich ist.

Seit dem 10. Februar 2011 verkauft auch der amerikanische Mobilfunkanbieter Verizon Wireless das iPhone 4 in den USA; diese Variante verwendet den von Verizon Wireless an Stelle von GSM/UMTS eingesetzten Mobilfunkstandard CDMA2000. Der Verizon-Konkurrent AT&T hatte seit Einführung des iPhone mit Überlastung und Schlechtabdeckung seiner 3G-Mobilfunknetze zu kämpfen; um die Zuverlässigkeit und Netzabdeckung der eigenen Netze zu untermauern, bewirbt Verizon Wireless unter anderem auch explizit die im iPhone-Betriebssystem iOS ab der Version 4.2.5 enthaltene Hotspot-Funktion. Diese Funktion ermöglicht das Anlegen eines WLAN-Hotspots, an dem sich bis zu fünf Nutzer anmelden und die Internetverbindung des iPhones nutzen können. Bei dem CDMA2000-iPhone befindet sich ein weiteres Antennensegment im Stahlrahmen, das Empfangsproblemen entgegenwirken soll.

Digital- und Frontkamera

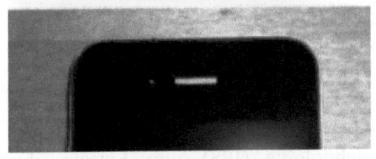

Oben: Die 5-Megapixel-Kamera mit LED-Blitz, unten: Die VGA-Kamera für die Videotelefonie

Die Digitalkamera kann Fotos mit einer Auflösung von 2592 × 1936 Pixel (fünf Megapixel) und Videos mit einer Auflösung von 1280 × 720 Pixeln (HD) bei 30 fps aufnehmen und verfügt über einen LED-Blitz. Der Sensor verfügt erstmalig bei Mobiltelefonen über rückwärtige Belichtung, ein System, bei dem die Sensorik auf der Rückseite des Sensors liegt und dadurch eine höhere Lichtempfindlichkeit erreicht wird. Außerdem findet sich auf der Vorderseite des Gerätes eine weitere VGA-Kamera, die für die Funktion *Facetime* (Videotelefonie) benötigt wird. Sie kann Fotos und Videos mit einer Auflösung von 640 × 480 Pixeln aufnehmen, Videos bei 30 fps.

Prozessor

Als Prozessor kommt der schon vom iPad der 1. Generation bekannte, von Samsung hergestellte, Apple A4 zum Einsatz. Er verbindet CPU (mit ARM-Architektur), integrierte GPU und andere Teile nach dem System-on-a-Chip-Prinzip.

Datenspeicher

Das Gerät verfügt, je nach Ausführung, über einen 16 oder 32 GB großen NAND-Flash-Speicher für beliebige Daten und 512 MB Arbeitsspeicher, womit es die doppelte Kapazität an Arbeitsspeicher wie das iPad der ersten Generation und der direkte Vorgänger 3GS besitzt.

Bildschirm

Den Bildschirm bezeichnet Apple als „Retina-Display", da dieser mit 326 ppi (960 × 640 Pixel) mehr Pixel darstellt als das Auge bei normalem Betrachtungsabstand (also etwa 25 bis 30 cm) gerade noch erkennen kann. Davon soll auf dem iPhone 4 vor allem Schrift profitieren und deutlich schärfer dargestellt werden. Beim Retina-Display kommt außerdem auch die In-Plane-Switching-Technologie (IPS) zum Einsatz, die Apple bereits beim Apple LED Cinema Display, beim iMac und beim iPad 1. Generation einsetzt. Sie sorgt gegenüber einem herkömmlichen TN-Display für einen breiteren Betrachtungswinkel. Der Kontrast des Bildschirms soll laut Apple 800:1 betragen, doch der von Neugeräten liegt dagegen bei über 1100:1 mit einer Maximalhelligkeit von weit über 500 cd/m².

Videotelefonie

Das iPhone 4 ist die erste iPhone-Generation, die eine Videotelefoniefunktion namens FaceTime anbietet. Die Videotelefonie wurde von Apple auf der WWDC 2010 im Juni 2010 in Echtzeit vorgestellt. Sie funktioniert zwischen dem iPhone 4, dem iPod touch 4G, einem Apple Computer mit installierter FaceTime-Software sowie mit anderen iPhones (via Jailbreak) mit Einschränkungen nur bei einer aktiven Verbindung über ein drahtloses lokales Netzwerk (WLAN). Laut Apple basiert Facetime auf folgenden Standards und Protokollen:

- SIP-IETF-Protokoll zum Auf- und Abbau einer VoIP-Verbindung
- STUN, TURN und ICE-IETF-Protokolle, um die Kommunikation über Firewall und NAT zu regeln
- RTP- und SRTP-IETF-Protokoll für Media-Streams über VoIP
- AAC (Audio-Codec) und H.264 (Video-Codec).

Patente

Nach Angaben des CEO von Apple, Steve Jobs, wurden während der Entwicklung des iPhones über 300 Patente und Geschmacksmuster angemeldet. Welche davon auch zu Schutzrechten, insbesondere im europäischen Raum, führen, unterliegt den jeweils maßgeblichen Prüfungsverfahren für diese Anmeldungen und dem vorhandenen Stand der Technik. Dem Europäischen Patentamt liegt zumindest eine Patentanmeldung vor.

"And we have invented a new technology, called Multi-Touch, which is phenomenal. It works like magic. You don't need a stylus. It's far more accurate than any touch display that's ever been shipped. It ignores unintended touches, it's super smart. You can do Multi-finger gestures on it. And boy, have we patented it!"

„Und wir haben eine neue phänomenale Technologie erfunden, genannt Multi-Touch. Es funktioniert wie Magie. Man benötigt keinen Eingabestift. Es ist viel genauer als alle anderen berührungssensitiven Bildschirme, die je geliefert wurden. Es ignoriert ungewollte Berührungen, es ist sehr schlau. Man kann damit Gesten mit mehreren Fingern gleichzeitig machen. Und Junge, das haben wir patentieren lassen!"

– *Steve Jobs bei der Keynote am 9. Januar 2007*

Zulieferer und Fertigung der ersten iPhone-Generation

Die Federführung der Produktion des Bildschirms hat das deutsche SDAX-Unternehmen Balda. Die Produktion selbst erfolgt unter anderem durch den Bildschirm-Hersteller *TPK* in der chinesischen Sonderwirtschaftszone Xiamen, aber auch durch Werke in Peking und Suzhou. Balda ist zu 50 Prozent Anteilseigner von *TPK*. Die Fertigungsmaschine, mit der die neuartigen Touchscreens für das iPhone von Apple produziert und mit der auch sonstige Oberflächen von Kunststoffteilen für Mobiltelefone und tragbare Spielekonsolen veredelt werden können, wurde von Balda in Kooperation mit dem TecDAX-notierten Maschinenbauer Singulus entwickelt.

Der im iPhone verbaute NAND-Flash-Speicher stammt von den Unternehmen Hynix, Intel, Micron, Samsung Electronics und Toshiba, mit denen Apple eine Übereinkunft bis 2010 vereinbart hat. Die Hardware-Stücklisten- und Fertigungskosten des iPhones liegen Apple-Analysten zufolge bei 265,83 $ für das 8-GB-Modell und somit bei etwa 67 Prozent des Verkaufspreises. Die Fertigungskosten des Touchscreens sollen laut *iSuppli* bei rund 27 $ liegen. Zulieferer für das Baseband genannte Mobilfunkmodul *S-Gold 2* im iPhone der ersten Generation, sowie das *X-Gold 608* im iPhone 3G und 3Gs ist Infineon.

Software

Betriebssystem

→ *Hauptartikel: Apple iOS*

Als Betriebssystem dient ein angepasstes Mac OS X auf Flash-Speicher (laut *New York Times* 700 MB groß) ähnlich der Version für Macs, allerdings fällt der Funktionsumfang geringer aus. Der Betriebssystemkern *(Kernel)* der Version 1.0 identifiziert sich als Darwin 9. 0.0d1, was gemäß der von Apple seit Mac OS X 10.1 verwendeten Namenskonvention der Mac-OS-X-Betriebssystemversion 10.5 *(Leopard)* entspricht. Das iPhone verfügt jedoch nicht über eine Java-Plattform.

Bedienkonzept

Das Apple iPhone wird praktisch vollständig über den Multi-Touch-Bildschirm bedient, wobei die verwendete grafische Benutzeroberfläche jeweils

nur ein Programmfenster anzeigt. Der Bildschirm ist meist so aufgeteilt:
- Eine rund 4 mm breite Statusleiste am oberen Bildrand (Anzeige von Feldstärke, Provider, Mobilfunkmodus [3G, EDGE, GPRS], Batteriestatus, etc.)
- Darunter ein rund ein Zentimeter breiter Menübereich mit Programmnamen und, sofern erforderlich, einigen wenigen Menüpunkten (etwa ein + zum Hinzufügen neuer Einträge, ein **Bearbeiten** zum Editieren von Einträgen, oder **Tag**, **Monat** und **Jahr** zum Umschalten der Kalenderansichten)
- Darunter schließt sich das eigentliche Programmfenster an
- Gegebenenfalls findet sich unter dem Programmfenster noch eine weitere Menüleiste, mit der Programme in verschiedene Modi geschaltet werden können (beispielsweise die Uhr zwischen Weltzeit, Timer, Wecker und Stoppuhr)

Der Touchscreen wird mit verschiedenen Fingerbewegungen bedient:
- Tippen: Unterliegende Funktion wird ausgeführt
- Doppeltippen: Vergrößert/verkleinert einen Bildausschnitt
- Antippen und halten auf Texteingabefeldern: Es wird eine Lupenfunktion eingeblendet. Durch Bewegen des gedrückten Fingers kann man die Textmarke zu einer gewünschten Stelle bewegen.
- Wischen (Aufsetzen des Fingers in der Bewegung, Wischen über den Bildschirm, Loslassen): Dient dem Rollen durch Listen (Adressen und Ähnliches; vertikale Wischbewegung) oder Ansichten (Wetterbilder, Cover Flow, Webseiten; horizontales Wischen)
- Antippen und Bewegen: Verschiebt die Ansicht auf dem Bildschirm (beispielsweise bei Landkarten oder HTML-Seiten)
- Greifen und Bewegen: Bei bestimmten Funktionen kann durch Antippen eines Objekts (zum Beispiel Anruferliste, Ortsliste für das Wetter) an einer bestimmten, durch drei horizontale Striche gekennzeichneten Stelle, das Objekt durch Bewegen des Fingers an eine andere Stelle der Liste verschoben werden.
- Spreizen und Zusammendrücken: Diese Geste wird mit zwei Fingern durchgeführt, die voneinander weg oder zueinander hin bewegt werden. Die Ansicht auf dem Bildschirm wird vergrößert oder verkleinert (beispielsweise im Webbrowser, bei der Ansicht von Fotos und Landkarten).

Die Texteingabe erfolgt über eine auf dem Bildschirm eingeblendete QWERTZ-Tastatur, wobei Umlaute durch Halten statt Tippen der Grundtaste und anschließendem Bewegen des Fingers zu dem gewünschten, nach kurzer Wartezeit eingeblendeten Umlaut eingegeben werden können. Der eingegebene Text wird in einem kleinen Feld am oberen Bildrand oder direkt über der Tastatur angezeigt. Die Genauigkeit der Eingabe hängt von der Größe der Finger und dem manuellen Geschick des Bedieners ab, wobei eine lernfähige Korrekturfunktion die Eingabe unterstützt.

Anrufbeantworter

Mit *Visual Voicemail* können aufgesprochene Nachrichten übersichtlich in einer Liste angezeigt werden. Das Anrufen des Anrufbeantworters entfällt so. Die Mobilfunkanbieter müssen für diesen Dienst Server mit Apple-Software betreiben. In Deutschland bieten diesen Dienst alle offiziellen Netzbetreiber, also Vodafone, Telekom und O in ihren iPhone-Tarifen an.

Synchronisation

Über iTunes können Kontakte (Namen, Telefonnummern, Adressen, E-Mail-Adressen), Kalender-Termine und -Ereignisse, E-Mail-Account-Einstellungen, Lesezeichen für Webseiten, Notizen (mit Mac-Computern ab OS X-Version 10.5.7), Klingeltöne, Musik, Hörbücher, Fotos, Podcasts, Filme, Fernsehsendungen, Musikvideos und aus dem iTunes Store geladene Programme mit einem Computer synchronisiert werden. Seit Version 2.0 der Firmware, die gleichzeitig mit dem iPhone 3G veröffentlicht wurde, kann sich das iPhone auch über einen Microsoft-Exchange-Server synchronisieren. Außerdem ist die Synchronisation über den kostenlosen Dienst iCloud von Apple möglich.

Weitere Programme

In seiner Keynote zur Einführung des iPhones wies Steve Jobs auf Cocoa als Haupt-Programmierschnittstelle (API) der iPhone-Software hin.

Auf der WWDC 2007 wurde zunächst bekanntgegeben, dass andere Hersteller keine klassischen Anwendungen für das iPhone schreiben können und dies stattdessen über Webapplikationen gelöst werden soll, die auf offenen Standards wie Ajax basieren und im Webbrowser Safari angezeigt werden können. Von Safari aus können dann iPhone-eigene Anwendungen wie Google Maps oder die Telefonfunktion genutzt werden. Eine ebenfalls angekündigte Version von Safari für Microsoft Windows ermöglicht das Mac-OS-X-unabhängige Testen solcher Anwendungen für Entwickler aus der Windows-Welt. Durch das dabei verwendete, auch von Java bekannte Sandkasten-Prinzip soll das iPhone vor Fehlfunktionen und Manipulationen durch Software besser geschützt werden.

Am 17. Oktober 2007 stellte Steve Jobs (nach zahlreichen Protesten von Entwicklern) auf der Apple-Webseite als *Hot News* ein Entwicklungswerkzeug auch für native Anwendungen in Aussicht. Die Freigabe des Entwicklungssystems („SDK") werde bis Februar 2008 dauern, weil Apple versuche, zwei entgegengesetzte Ziele zu verwirklichen – eine offene Plattform für Entwickler zu bieten und gleichzeitig das iPhone vor Viren, Schadprogrammen, Angriffen auf private Daten usw. zu schützen. Tatsächlich wurde das SDK jedoch bis Ende Februar nicht veröffentlicht; am 27. Februar 2008 kündigte Apple aber für den 6. März 2008 einen Pressetermin an, auf dem unter anderem weitere Informationen über das SDK bekanntgegeben werden sollten. Auf dieser Veranstaltung wurde die Firmware-Version 2.0 vorgestellt, die neben Microsoft Exchange Server und anderen Netzwerkprotokollen auch das „iPhone SDK" unterstützt (PowerPCs erfordern eine Anpassung der xcspec-Datei). Die neue Firmware ist seit dem 11. Juli 2008 öffentlich verfügbar.

Apple entwickelte für das iPhone eine mobile Variante seines Cocoa-Frameworks namens *Cocoa touch*. Das SDK wird zusammen mit einer neuen Version von Apples integrierter Entwicklungsumgebung Xcode ausgeliefert. Darin enthalten ist auch ein iPhone-Simulator, der es weitestgehend ermöglicht, die Anwendungen während der Entwicklungsphase auf dem Mac zu testen. Der Vertrieb der Programme erfolgt in dem App Store über die gleichnamige iPhone-Anwendung oder iTunes. Die Entwickler können den Preis für ihre Software selbst festlegen, Apple nimmt jedoch 30 Prozent davon als Provision. Während das SDK selbst kostenlos von Apples Entwicklerseiten bezogen werden kann, ist für die Veröffentlichung im *App Store* ein kostenpflichtiges Entwicklerkonto zum Preis von 99 $ (Standard) oder 299 $ (unternehmensinterne Anwendungen) pro Jahr erforderlich.

In der Zwischenzeit haben Programmierer Verfahren etabliert, um Programme auf dem Gerät lauffähig zu machen, die nicht als Webapplikation ausgeführt sind (sogenannte native Applikationen). Nachdem es Hackern im Juli 2007 erstmalig gelungen war, ein Hallo-Welt-Programm auf dem iPhone auszuführen, lagen Mitte September 2007 bereits über 60 solcher Applikationen vor, einschließlich einem Installer und Doom (das ursprünglich mit NeXTStep entwickelt worden ist und seitdem traditionell jede Portierung dieses Betriebssystems mitvollzieht). Apple steht diesen Programmieransätzen neutral gegenüber; stört also die Entwicklungen nicht, bemüht sich aber auch nicht, die Lauffähigkeit solcher Programme mit späteren Versionen des Betriebssystems zu erhalten.

Linux auf dem iPhone

Seit das iPhone auf dem Markt ist, gibt es Bestrebungen, das unfreie Betriebssystem iOS durch ein quelloffenes zu ersetzen, um auf diese Weise Programmierfehlern zu entgehen, die Fähigkeiten des Geräts zu erweitern oder von Apple auferlegte Einschränkungen der Nutzbarkeit zu umgehen. Insbesondere die Programmierer planetbeing und CPICH haben dieser Entwicklung Vorschub geleistet. Aus ihrer Entwicklungsarbeit ist iPhoneLinux hervorgegangen. Teil davon ist der quelloffene Boot-Loader OpeniBoot, der alternativ zu Apples iBoot auf dem iPhone installiert werden kann. OpeniBoot erlaubt, eine beliebige Firmware auf dem iPhone zu booten (Apples iBoot startet ausschließlich von Apple signierte Firmware). In iPhoneLinux lädt OpeniBoot einen Linux-Kernel.

Android auf dem iPhone

Seit dem 21. April 2010 ist es möglich, Googles quelloffenes Android-Betriebssystem auf dem iPhone zu starten. Die Entwicklung baut auf den Ergebnissen von iPhoneLinux auf. Der Nutzer hat hierbei durch ein Boot-Menü die Wahl, welches System er booten möchte - iOS bleibt weiterhin startbar. Erforderlich ist die Portierung iDroid, die ebenso wie der multi-boot-fähige Boot-Lader OpeniBoot über die App Bootlace aus dem Cydia-Store auf dem iPhone installiert werden kann.

Einschränkung der Nutzung – SIM-Lock

Das SIM-Kartenfach eines iPhones der 1. Generation mit eingelegter SIM-Karte

Das iPhone 4 gibt es in den USA in zwei Versionen: In der auch in Deutschland eingesetzten GSM-Version sowie in einer in Europa nicht verwendeten CDMA-Version. Da die CDMA-Technologie ohne Simkarten funktioniert, kann man sie grundsätzlich nur mit dem Vertragspartner Verizon verwenden. Die GSM-Version wird derzeit vom Anbieter AT&T vertrieben und wird mit einem SIM-Lock verkauft. Es kann dadurch nur mit der bereits ab Werk mitgelieferten SIM-Karte des Mobilfunk-Betreibers verwendet werden. Ein Vertrag mit AT&T ist auch erforderlich für die Aktivierung der Funktionen des iPhones, die nicht in Zusammenhang mit der Telefon-Funktion stehen, etwa iPod, WLAN und Digitalkamera. Auch in Europa wird die Nutzung des iPhones zum Teil auf das Funknetz jeweils eines Anbieters pro Land beschränkt. Das CDMA-iPhone ist außerhalb der USA nicht verfügbar.

Entsperrung (offiziell)

Die Gesetzeslage in einigen Ländern verbietet einen SIM- und Netlock von Seiten der Anbieter. In folgenden Ländern kann das iPhone entsperrt erworben werden:
Nachträgliche Entsperrung bzw. ab Werk im Online-Store

Entsperrung in Deutschland

Für Vertragskunden, die über ein gesperrtes iPhone (Netlock) verfügen, besteht die Möglichkeit, das Gerät nach Ablauf des Vertrags (meist über einen Zeitraum von 24 Monate), kostenlos entsperren zu lassen. Hierfür sendet der Mobilfunkanbieter eine Anfrage zu Apple, die daraufhin den „NCK" (Network Control Key) über iTunes auf das Gerät installiert. Seit dem 27. Oktober 2010 ist das iPhone im Apple Online Store Deutschland offiziell ohne SIM-Lock verfügbar. Nach dem Kauf kann das iPhone 3GS mit jeder beliebigen SIM-Karte verwendet werden. Das iPhone 4 kann ausschließlich mit einer speziellen Micro-SIM-Karte betrieben werden. Apple gibt zwar die Empfehlung aus, eine Datenflatrate zu nutzen, da große Datenmengen anfallen; es besteht aber keine Pflicht, einen entsprechenden Vertrag abzuschließen.

Entsperrung (inoffiziell)

Seit dem 27. Juli 2010 ist die Entsperrung in den USA legal, die Rechtslage in Deutschland ist bisher nicht eindeutig geklärt.

SIM-Lock entsperrtes iPhone, eingebucht bei Vodafone Neuseeland

Im Juli 2007 beschrieb der Norweger Jon Lech Johansen in seinem Blog, wie man die Funktionen des iPhones auch ohne AT&T-Vertrag nutzen kann.

Im August 2007 berichtete das Technik-Blog *Gizmodo*, dass sich das iPhone mit Hilfe einer „Turbo-SIM-Karte" auch in anderen GSM-Netzen betreiben lasse. Am 6. September 2007 veröffentlichte die Webseite des *APC Magazine* (ehemals: *Australian Personal Computer Magazine*) eine Zehn-Schritte-Anleitung zur Nutzung des iPhones in weltweit allen GSM-Netzen mit Hilfe einer Turbo-SIM-Karte.

Ebenfalls im August 2007 gelang es dem US-Amerikaner George Hotz, ohne den Umweg über eine Turbo-SIM-Karte die Beschränkung der Nutzung seines iPhones auf das AT&T-Netz aufzuheben. In seinem Blog beschrieb er dazu ein Verfahren, das komplizierte Eingriffe in die Hardware erfordert.

Im September 2007 stellte das *iPhone Dev Team*, eine freie Gruppe von Programmierern, eine Software-Netlock-Entsperrung für das iPhone frei im Internet zur Verfügung. Damit war das iPhone weltweit in allen GSM-Netzen auch für iPhone-Besitzer nutzbar, die den technischen Aufwand bislang verfügbarer komplizierter Hacks gescheut hatten.

Einen Tag nach Release des iPhones 3GS wurde ein Tool zur Entsperrung dieses Gerätes veröffentlicht.

Am 22. Juni 2009 hat das *iPhone Dev-Team* die rein softwarebasierte SIM-Entsperrung *ultrasn0w* für alle iPhones ab Firmware 3.0 veröffentlicht, mit der die Geräte in allen Netzen betrieben werden können. Mit vielen Firmwarereleases kommen neue Versionen der Netzkontrollsoftware, wodurch neue Exploits gefunden werden müssen, um diese erneut freizuschalten. Bisher ist dies für jedes Baseband gelungen. Im Mai 2010 wurde das Tool *Spirit* veröffentlicht, das auch für das iPad 1. Generation mit iOS 3.2 funktioniert.

Am 1. August 2010 wurde der webbasierte Jailbreak *JailbreakMe* veröffentlicht, mit dem auch das iPhone 4 geöffnet werden kann. Hierfür wurde ein Programmfehler bei der PDF-Darstellung im Programm *Mobile Safari* genutzt. Am Tag darauf warnte das Bundesamt für Sicherheit in der Informationstechnik (BSI) davor, mit dem iPhone PDFs zu öffnen, da auch ein schädlicher Code ausgeführt werden könnte. Eine Apple-Pressesprecherin teilte mit, dass Apple den Fehler bereits behoben habe und schnellstmöglich eine Aktualisierung herausbringen werde.

Apple gab daraufhin am 11. August 2010 eine Aktualisierung (iOS 4.0.2) heraus, die zwei Sicherheitslücken schloss. Die eine Lücke betraf eine Systembibliothek (*Freetype*) – durch die zweite erreichte ein ausgeführtes Programm System-Rechte am Gerät.

Beim Unlock für die Firmwareversion iOS 4.2.1 gibt es beim iPhone 3G und 3GS – im Gegensatz zu den vorherigen – eine Besonderheit: Das Baseband wird mittels der Jailbreak-Anwendung *redsn0w 0.9.6* auf die Version 06.15.00, die von der iPad-3G-Firmware Version 3.2.2 stammt, aktualisiert. Man kann dadurch zwar den Unlock benutzen, allerdings ist es danach nicht mehr möglich, zu einem früheren Baseband zurückzukehren. Auch das Wiederherstellen mit iTunes ist dann nicht mehr möglich.

Die Firma *Gevey* hat am 21. März 2011 eine neue Turbo-SIM-Karte veröffentlicht, die mithilfe einer Sicherheitslücke bei der Notruffunktion einen Hardware-Unlock erzwingen kann. Der Unlock funktioniert offiziell bis zur Firmware 4.3.3. Der Kostenpunkt einer solchen Karte liegt zwischen 10–30 Euro.

Das „iPhone Dev-Team" hat seit der Veröffentlichung der Firmware 4.1 (8. September 2010) noch keine Sicherheitslücke entdeckt, die man zum Entsperren des iPhone 4 nutzen kann. Allerdings haben sie durch die „vergebliche" Suche neue Ansätze eines „NCK"-Unlocks gefunden.

Network Control Key (NCK) des iPhone

Über den NCK-Code kann man das Gerät dauerhaft entsperren. Beim iPhone besteht dieser Code aus der IMEI-Nummer und vielen diversen Hardware-Seriennummern sowie einer willkürlichen, fünfstelligen Zahl. Im Normalfall wird der NCK Code über Apple auf das Handy installiert, um den offiziellen Unlock zu ermöglichen. Das „iPhone Dev-Team" hat entdeckt, dass sich nahezu der gesamte Code leichter auslesen lässt, als bisher erwartet. Somit müsste man lediglich nur noch einen fünfstelligen Code manuell eingeben, was sich aber innerhalb einer Woche tätigen lassen würde. Sollte dieser Schritt in der Praxis gelingen, so könnte man ihn nicht mehr rückgängig machen und das Handy bliebe dauerhaft entsperrt.

Kritik

Produktionsbedingungen

Das iPhone wird in China von Foxconn, einem der größten Hersteller von Elektronik- und Computerteilen gefertigt. Laut *Welt-Online* sind die Produktionsbedingungen dort extrem hart. Die schon seit 2006 bekannten unethischen Arbeitsbedingungen führten laut den von Greenpeace unterstützten Public Eye Awards im Jahr 2010 zu mindestens 18 Selbstmorden von jungen chinesischen Wanderarbeitern. Auch andere Medien berichteten 2010 von Suiziden.

Umweltverträglichkeit

Greenpeace kritisierte Apple im Jahr 2007 für die im iPhone verwendeten Schadstoffe. Anders als bei modernen Mobiltelefonen üblich, fanden sich im iPhone noch schädliche Materialien wie bromhaltige Verbindungen und Polyvinylchlorid (PVC). Greenpeace zeigte sich vor allem nach Steve Jobs' offenem Brief *A Greener Apple*, in dem er umweltfreundlichere Apple-Produkte angekündigt hatte, enttäuscht und fordert ein *green iPhone*. Der US-Verband *Bromine Science and Environmental Forum (BSEF)* reagierte auf die Vorwürfe mit der Erklärung, dass die genannten Substanzen alle zur Verwendung zugelassen seien. Greenpeace habe zudem nicht nachweisen können, in welcher Konzentration und Zusammensetzung Brom im iPhone vorkomme, da die verwendeten Analysemethoden dafür nicht ausgereicht hätten.

Der US-Verbraucher- und Umweltschutzverband *Center for Environmental Health (CEH)* drohte Apple mit einer Klage. Nach Ansicht des CEH verstößt Apple mit dem iPhone gegen Abschnitt 65 des kalifornischen *Safe Drinking Water and Toxic Enforcement Act of 1986*, der vorsieht, dass gefährliche Stoffe nicht ohne deutliche Warnung verwendet werden dürfen. Das *CEH* forderte Apple auf, für bisher gekaufte Geräte eine Rückrufaktion zu starten und zukünftig angebotene Geräte mit einem deutlichen Warnhinweis auf die schädlichen Substanzen zu versehen.

Sicherheit

Nach dem Verkaufsstart wurden einige Sicherheitslücken in der Firmware des iPhones entdeckt. So wurden zum Beispiel zwei Passwörter, mit denen zentrale Funktionen des iPhones gesichert sind, schnell entschlüsselt. Das Passwort „dottie" erlaubte es zum Beispiel, Programme mit Root-Rechten zu starten; „alpine" war ein weiteres entschlüsseltes Passwort. Durch eine weitere Sicherheitslücke konnten anfangs persönliche Daten des Besitzers ausgespäht werden, beispielsweise Telefonnummern. Die Firmware-Version 1.0.1 vom 30. Juli 2007 behob dieses Problem.

Das Fraunhofer-Institut für Sichere Informationstechnologie (SIT) informierte im Herbst 2008 über eine Sicherheitslücke, durch die eine Webseite das iPhone zur Anwahl einer beliebigen Telefonnummer veranlassen kann. Nach Aufspielen der Firmware-Version 2.2 vom 21. November 2008 war dies nicht mehr möglich.

Im November 2009 wird der erste iPhone-Wurm bekannt. Er nutzt eine Sicherheitslücke bei iPhones mit Jailbreak und installiertem SSH-Server zur Verbreitung aus und tauscht beim Opfer das Hintergrundbild gegen ein Foto von Rick Astley mit dem Zusatz „ikee is never going to give you up (You have been Rickrolled)" aus. Eine neuere Variante des Wurms setzt ein neues Passwort: „ohshit". Durch das Aufspielen einer manipulierten Firmware können sowohl der PIN-Schutz aufgehoben als auch alle auf dem iPhone gespeicherten (einschließlich aller vermeintlich bereits gelöschten) Daten unverschlüsselt ausgelesen werden.

Auf dem Pwn2Own-Event 2010 wurde eine Sicherheitslücke demonstriert, die es einem Angreifer erlaubt, eine Seite so zu präparieren, dass Informationen wie SMS des Gerätes beim Besuch der Webseite ausgelesen werden können.

Apple kann Programme auf dem iPhone löschen, die im App Store heruntergeladen wurden. Das iPhone nimmt automatisch Kontakt mit einem Apple-Server auf und sendet alle Applikationen, die von Apple mit Fernzugriff gelöscht werden können.

Empfangsprobleme
iPhone 3G

Eine größere Anzahl von Nutzern beklagte sich über schlechten Empfang und Verbindungsprobleme mit dem iPhone 3G. Eine Erklärung von Apple gibt es zu diesem Thema nicht. Im August 2008 wurde von Vermutungen berichtet, denen zufolge die Probleme durch von Infineon gelieferte, unausgereifte UMTS-Chipsätze verursacht worden sein könnten.

iPhone 4

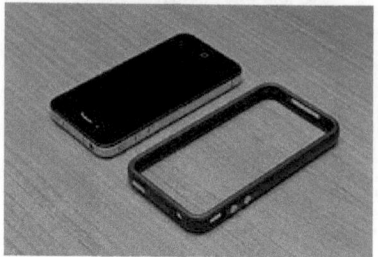

iPhone 4 mit „iPhone Bumper"

Ende Juni 2010 sorgten Berichte über Empfangsprobleme mit dem neuen iPhone für Aufsehen. Zwei Käufer reichten vor dem Bezirksgericht des US-Bundesstaates Maryland eine Sammelklage gegen Apple und AT&T ein, da sich diverse iPhone-4-Nutzer über angebliche Empfangsprobleme beschwerten. Apple erklärte zunächst, es existierten keine ungewöhnlichen Empfangsprobleme, vielmehr gebe die Empfangsanzeige die Signalstärke wegen eines Berechnungsfehlers in der Software teilweise nicht korrekt wieder. Apple äußert sich weiter, dass der zurückgehende Empfang auch bei anderen Mobiltelefonen mit ähnlicher Antennenbauweise bekannt und grundsätzlich alles in Ordnung sei. Apple hat zur korrekten Wiedergabe der Empfangsstärke eine Aktualisierung (4.0.1) veröffentlicht. Experten der US-amerikanischen Fachzeitschrift *Consumer Reports* konnten im Labortest mit simulierter Mobilfunkzelle die Empfangsprobleme bei Linkshändern und damit einen Konstruktionsfehler bestätigen und sprachen daher keine Kaufempfehlung aus. Apple gab später bekannt, dass sich die Empfangsprobleme nicht durch eine Softwareaktualisierung beheben ließen. *Consumer Reports* riet Käufern das Problem mit Klebeband zu lösen oder eine Handytasche zu benutzen. Apple bot auf einer Pressekonferenz am 16. Juli 2010 an, allen iPhone-4-Käufern eine kostenlose Hülle zur Verfügung zu stellen. Benutzer, die bereits einen „iPhone Bumper" gekauft hatten, wurden durch eine nachträgliche Gutschrift entschädigt, neue Käufer erhielten kostenlos ein „Case" ihrer Wahl im Rahmen des *iPhone 4 Case Programms*, das Ende

September 2010 auslief.
iPhone 4 CDMA
Am 11. Januar 2011 stellten Apple und Verizon Wireless eine für den Mobilfunkstandard CDMA2000 angepasste iPhone-Version vor, die entsprechend einer technischen Spezifikation für das Verizon-Mobilfunknetz über zwei Antennen verfügt und lt. verschiedenen Berichten gegenüber dem GSM/UMTS-Modell deutlich weniger Empfangsprobleme hat.

Geodaten-Speicherung
Die beiden Elektronik-Spezialisten Alasdair Allan und Pete Warden hatten am 20. April 2011 publiziert, dass das iPhone und iPad 3G kontinuierlich Positionsdaten, bezogen von Funkmasten und WLAN-Stationen, speichern und damit den Aufenthaltsort des Nutzers mit einem Zeitstempel in einer speziellen Datei ablegen. Der Sicherheitsexperte Alex Levinson beschrieb dieses Verhalten schon früher und nach seiner Analyse werden die Daten für den CoreLocation-Dienst benötigt, damit Anwendungen auch im Hintergrund Ortsdaten erhalten können.

Die Erfassung der Geodaten ist unter bestimmten Umständen sehr ungenau. Es werden teilweise sogar Orte abgespeichert, die niemals besucht wurden. So soll sich beispielsweise ein Gerät gemäß der erfassten Daten zeitgleich in Hannover, Düsseldorf, Barcelona, Darmstadt und Neu-Delhi befunden haben. Außerdem kann man aus den Daten nicht schließen, wann und wie oft das Gerät an einer bestimmten Stelle gewesen war, da alle WLANs und Mobilfunkzellen jeweils nur einmal in der Datei gespeichert werden und nicht grundsätzlich die neuesten Werte.

Unklar ist jedoch, warum Apple alle Daten speichert und damit ein eingeschränktes Bewegungsprofil mit diesen Daten möglich wird. Für den Zweck des CoreLocation-Dienst würden die letzten 10 Ortsdaten ausreichen und es wäre nicht nötig, alle zurückliegenden Daten zu archivieren. Da die Datei mit den Geodaten seit iOS 4 bei einem Backup des Geräts über iTunes auf dem Computer des Nutzers gesichert wird, ist sie auch relativ leicht zugänglich, was ein Sicherheitsproblem darstellen kann.

In einer Presseerklärung gab Apple am 27. April 2011 bekannt, dass ein Softwarefehler für die Aufzeichnung der Daten trotz Deaktivierung und deren langen Speicherdauer verantwortlich ist. Am 4. Mai 2011 veröffentliche Apple mit iOS 4.3.3 ein Update, mit welchem die Datenbank mit den Geodaten nur noch die letzten Tagen enthält. Diese Datenbank wird nicht mehr durch iTunes auf den Rechner übertragen und beim Deaktivieren des CoreLocation-Dienstes gelöscht.

Literatur
- Brian Chen: *Always On: How the iPhone Unlocked the Anything-Anytime-Anywhere Future--And Locked Us In*, Da Capo Press, 2011

Von „http://de.wikipedia.org/wiki/Apple_iPhone"

Asus A10

Das **Asus A10** oder **nüvifone A10** ist ein Smartphone der Hersteller Garmin und Asus. Mit dem nüvifone A10 brachte Garmin-Asus 2010 sein zweites Handy auf der Grundlage der Android-Plattform auf den Markt.

Hardware
Das A10 hat ein 3,2-Zoll-Touchscreen. Zunächst sollte das Gerät mit einer 5-Megapixel-Digicam mit Geotagging-Unterstützung ausgestattet werden, erhielt jedoch eine 3-Megapixel-Camera.

Funktionen

Navigation
Das nüvifone A10 nutzt die touchbasierte Garmin Navigation. Das Gerät kann gesprochene Richtungsanweisungen inklusive Ansage von Strassennamen und Berechnung der voraussichtlichen Ankunftszeit liefern. Points-of-Interest sind in der vorinstallierte Datenbank des nüvifone A10 abrufbar.

Telefonie
Das Gerät nutzt mehrere Netze: HSPA DL: 7.2 Mbps , UMTS 2100/900, Edge/GSM/GPRS 850 / 900 / 1800 / 1900.

Multimedia
Das nüvifone A10 verfügt über eine Vielzahl von Multimediafunktionen. Der Musik- und Videoplayer unterstützt z.B. MP3, WMA und Videoformate wie z.B. MP4, WMV. Die 3-Megapixel-Kamera steht zur mit Autofokus zur Aufnahme von Bildern und Videos zur verfügung.

Von „http://de.wikipedia.org/wiki/Asus_A10"

BlackBerry

Logo des BlackBerry

BlackBerry 9700 Bold

BlackBerry (übersetzt: Brombeere) ist ein tragbares Gerät (Smartphone), speziell zum Lesen und Schreiben von E-Mails. Die von dem kanadischen Unternehmen *Research In Motion* (RIM) entwickelte Lösung für drahtlose Kommunikation und Verwaltung persönlicher Daten (Personal Information Manager) umfasst eine Client-Server-Architektur, ein proprietäres Protokoll zwischen Clients und Servern und eine Serie von Endgeräten (Smartphones) von RIM. Die Netzverbindung wird über eine GPRS/EDGE-, UMTS- oder WLAN-Anbindung hergestellt.

Funktion

Die wesentliche Funktion eines BlackBerry-Smartphones besteht darin, überall E-Mails als Push-Dienst empfangen und senden zu können. Darüber hinaus bieten Blackberrys die üblichen Smartphone-Funktionen, wie Adressbuch, Kalender, Aufgaben, Erledigungs-Listen etc. und zusätzlich Handy-Funktionen wie Telefonie, SMS, MMS und Web-Browsing. Im Unterschied zu einem konventionellen PDA muss sich der Benutzer (bei *BlackBerry Enterprise Server* - kurz BES-Geräten) nicht um die Synchronisierung der Daten kümmern. Bei den BlackBerry BES aktivierten Geräten werden E-Mails, Kalendereinträge, Notizen und Adressbucheinträge per Push-Dienst vom Blackberry Enterprise Server auf das Handgerät übertragen. Das heißt, dass das Handgerät immer auf dem aktuellen Stand gehalten wird, solange eine Verbindung besteht. Gleichzeitig ermöglicht es die sofortige Benachrichtigung und Zustellung bei neuen E-Mails und Terminen, so schnell wie durch SMS bekannt. Eine weitere wichtige Funktion ergibt sich aus dem Mobile Data System (MDS), der es ermöglicht, auch andere Daten aus dem Firmennetzwerk – aus ERP-Systemen, Datenbanken etc. – auf dem BlackBerry zugänglich zu machen. So lassen sich etwa Preis- oder Lagerinformationen abrufen, Bestellvorgänge auslösen oder Kundendaten verändern.

Die BlackBerry-Technik hält die zu übertragende Datenmenge bewusst klein: Der *BlackBerry Enterprise Server* (BES) bereitet alle Daten speziell auf, komprimiert sie und gibt sie dann portionsweise an das Endgerät aus. So werden niemals mehr als 2 kB Daten an das Gerät geschickt. Erst wenn der Nutzer mehr Daten braucht, werden sie vom Gerät angefordert. Die Anforderung erfolgt, ohne dass der Anwender es merkt oder warten muss. Beispielsweise können so MByte-große Dateien (wie z. B. PDF- oder Office-Dateien) trotz GPRS-Anbindung schnell geöffnet werden: Der BES öffnet auf Anforderung den Anhang, wandelt ihn in eine textorientierte Datei um und schickt sie bündelweise zum Client. Via POP3-Protokoll würde der Server die gesamte Datei unverändert zum Client schicken: D. h. der Nutzer kann erst dann die Datei öffnen, wenn sie vollständig heruntergeladen ist; der Nutzer benötigte ein leistungsstarkes Endgerät, um größere Dateien auch entsprechend verarbeiten zu können. Zudem ist jeder Datenverkehr vom Server aus dem Unternehmensnetzwerk heraus zum Handgerät und zurück verschlüsselt. Die Original-RIM-Geräte können zusätzlich so eingestellt werden, dass sie den Geräteinhalt nicht nur via Passwort sichern, sondern ihn auch noch verschlüsseln.

Der BlackBerry-Dienst lässt sich nur mit einer speziellen Option nutzen, die beim Mobilfunkbetreiber extra für die Mobilfunkkarte gebucht werden muss. Diese sogenannte „BlackBerry-Option" beinhaltet eine Grundgebühr und eine Gebühr für das beauftragte Datenvolumen. Für den BlackBerry-Push-Dienst, bei ca. 500 E-Mails im Monat und Kalendernutzung von etwa 100 Einträgen die Woche, wird kaum mehr als 1 MB im Monat verbraucht.

Mit der im zweiten Quartal 2006 herausgebrachten Version 4.1 des BlackBerry-Enterprise-Servers sind nun alle drei unterstützten Groupware-Plattformen auf der Bedienoberfläche gleich. Zudem wurden zwei wichtige Änderungen durchgeführt: Zum einen wurde das Mobile Data System (MDS) eingeführt. Dieses System ermöglicht es, anhand einer grafischen Oberfläche ein Programm speziell für den BlackBerry zusammenzustellen, das Daten aus einer Datenbank für diesen bereitstellt. Die Übermittlung zum Gerät wird durch in den BES integrierte Techniken auf das BlackBerry-Endgerät umgesetzt. Der Benutzer kann auf seinem BlackBerry gewünschte und für ihn freigegebene Programme abonnieren. Das MDS stellt dann im Hintergrund die Daten aus einer webservicefähigen Datenbank zusammen, wie z. B. DB2 oder Microsoft SQL Server 2005.

Zum anderen wurde die Unterstützung für unternehmenseigene Instant-Messaging-Systeme eingeführt. Der BES kann nun mit einem bestehenden Live Communication-, Sametime- oder GroupWiseMessenger-Server verbunden werden. Auf den BlackBerry-Endgeräten wird dazu eine Software installiert, die es den Benutzern erlaubt, die unternehmensinterne Kommunikation auf den BlackBerrys via Instant Messaging fortzuführen. Dieses Programm ähnelt sehr dem bereits ab der Gerätefirmware 4.0.2+ eingeführten BlackBerry-Messenger, welcher auf PIN-to-PIN-Nachrichten zwischen den Geräten aufbaut.

BlackBerry

Die Steuerung der Geräte erfolgte bis zum Gerätetyp 8100 Pearl im Wesentlichen mit einem Daumenrad (*Trackw-*

heel) und einer Löschtaste an der rechten Geräteseite. Damit ermöglichte der BlackBerry – im Unterschied zu vielen anderen Smartphones – eine konsequente Einhandbedienung. Die Texteingabe bei den gängigen Typen erfolgt über eine für die Bedienung mit beiden Daumen optimierte vollständige QWERTZ-Tastatur, mit der sich auch längere Dokumente mühelos und schnell tippen lassen. Eine Ausnahme bilden die Endgeräte der 71xx-, 81xx-, 82xx- und 91xx-Reihe, die über eine *Sure-Type*-Tastatur verfügen.

Zwei links bzw. rechts am Gehäuse angebrachte Tasten können frei belegt werden, beispielsweise mit dem Adressbuch und dem Kalender. Damit ist die Einhandbedienung noch besser umsetzbar.

Der Name des Blackberry Pearl verweist auf die nun zur Navigation unter dem Bildschirm angebrachte „Perle", eine beleuchtete Steuerkugel (Trackball). Im Zuge dieser Neugestaltung ist die „Escape"-(Lösch)Taste von der Seite des Gerätes neben das Daumenrad verlegt worden, um die Einhandbedienung zu gewährleisten.

Da der Trackball durch Verschmutzungen nicht selten zum Blockieren neigt, verbaut RIM in seinen neuen Modellreihen 85xx, 96xx und 97xx stattdessen ein Trackpad, das die Bewegungsrichtung des darauf gleitenden Daumens erkennt.

Aktuelle BlackBerry-Geräte sind:
- BlackBerry 8100 Pearl
- BlackBerry 8110 Pearl (mit GPS)
- BlackBerry 8120 Pearl (mit WLAN)
- BlackBerry 8220 Pearl Flip (in Clamshell-Style mit GPS und WLAN)
- BlackBerry 8300 Curve
- BlackBerry 8310 Curve (mit GPS)
- BlackBerry 8320 Curve (mit GPS und WLAN)
- BlackBerry 8520 Curve (mit WLAN)
- BlackBerry 8800 (mit GPS)
- BlackBerry 8900 Curve (mit GPS und WLAN)
- BlackBerry 9000 Bold (mit GPS, WLAN und HSDPA)
- BlackBerry 9105 Pearl (mit GPS, WLAN und HSDPA)
- BlackBerry 9300 Curve 3G (mit GPS, WLAN und HSDPA)
- BlackBerry 9500 Storm (in Touchscreen-Style mit GPS und HSDPA)
- BlackBerry 9520 Storm2 (in Touchscreen-Style mit GPS, WLAN und HSDPA)
- BlackBerry 9700 Bold (mit GPS, WLAN und HSDPA)
- BlackBerry 9780 Bold (mit GPS, WLAN und HSDPA)
- BlackBerry 9800 Torch (mit GPS, WLAN und HSDPA)

Zusätzliche BlackBerry-Geräte, die nur auf dem amerikanischen und kanadischen Markt erhältlich sind:
- BlackBerry 8130 Pearl (mit GPS und EV-DO)
- BlackBerry 8230 Pearl Flip (in Clamshell-Style mit GPS und EV-DO)
- BlackBerry 8330 Curve (mit GPS und EV-DO)
- BlackBerry 8530 Curve (mit GPS, WLAN, EV-DO)
- BlackBerry 9100 Pearl (mit GPS, WLAN und HSDPA)
- BlackBerry 9330 Curve 3G (mit GPS, WLAN, HSPA und EV-DO)
- BlackBerry 9530 Storm (in Touchscreen-Style mit GPS, HSPA und EV-DO)
- BlackBerry 9550 Storm2 (in Touchscreen-Style mit GPS, WLAN, HSPA und EV-DO)
- BlackBerry 9630 Tour (mit GPS, HSPA und EV-DO)
- BlackBerry 9650 (mit GPS, WLAN und HSPA)

Auf den BlackBerry-Endgeräten läuft ein eigenes proprietäres Betriebssystem; es unterstützt Java (J2ME) mit speziellen Schnittstellen.

Andere Endgeräte mit BlackBerry-Funktionalität

Nur die Blackberry-Endgeräte des Herstellers *RIM* unterstützen in der momentanen Version alle Funktionen des BES. Es gibt jedoch auch andere Geräte auf dem Markt, die vom Hersteller definierte Kriterien erfüllen müssen und einen Teil der Funktionalität unterstützen:

BlackBerry Connect

Hier wird die 3DES-Verschlüsselung wie auf den BlackBerry-Handgeräten in der Firmware-Version 3.6 unterstützt. BlackBerrys ab der Firmware-Version 4.0 unterstützen AES und 3DES. Es wird, durch einen zumeist extra aufzuspielenden Software-Client, E-Mail, Kalender und Online-Zugriff (auf die Globale Adressenliste unterstützt). Ein Beispiel für ein Blackberry Connect Gerät stellt der Nokia E90 Communicator da. Er kann als BlackBerry-Connect-Gerät konfiguriert werden, verfügt aber über keine echte E-Mail-Push-Funktion, sondern fragt in einem festgelegten Intervall den Mailserver ab, ob Mails angekommen sind. Dadurch ergibt sich ein höherer Stromverbrauch und eine höheres Datenübertragungsvolumen.

BlackBerry Built-In

Es wird die 3DES-Verschlüsselung wie auf den BlackBerry-Handgeräten in der Firmware-Version 3.6 unterstützt. Unterstützt werden E-Mail, Kalender, Kontakte, Browser, Aufgaben und Notizen. Das einzige Gerät, welches bisher Built-in unterstützt, ist das Siemens SK65.

Beim Einsatz eines Connect- bzw. Built-in-Gerätes sind folgende Dinge im Firmenumfeld zu berücksichtigen: Alle Geräte müssen kabelgebunden aktiviert werden, mit spezieller Software für die Arbeitsplätze, und bedürfen einer Ersteinrichtung des Kalenders über Kabel. Das erhöht vor allem bei großen Installationen den Aufwand enorm. Darum werden hier zumeist nur Original-BlackBerrys mit einer drahtlosen Aktivierung verwendet. Bis zu einer möglichen angepassten Version des Software-Clients für Connect/Built-in-Geräte ist die Art der Aktivierung der Hauptunterschied neben der eingeschränkten Funktionalität des Connect-Clients und weitaus höherer Datenvolumina, die bei den Tarifen beachtet werden müssen.

Zukünftig soll es mit der von RIM entwickelten Software *Virtual BlackBerry* eine andere Art der Bereitstellung von BlackBerry-Diensten auf Nicht-BlackBerry-Geräten geben. Wesentliches Ziel ist es, die Anzahl der unterstützen Fremdgeräte zu erhöhen und die Handelbarkeit dieser Geräte über einen BES zu verbessern.

Backoffice

Der Push-Dienst wird im Backoffice durch den BES bereitgestellt, der seinerseits über eine Anbindung an die Groupware-Systeme Microsoft Exchange, Novell Groupwise und Lotus Domino verfügt.

Der Server überwacht die Mailbox des Benutzers auf eingehende Mails und leitet diese an das Mobile Routing Center (MRC) von RIM weiter. Von dort werden die Mails an den Mobilfunkprovider geschickt und dann per Funk an den BlackBerry übertragen. Auf dem gleichen Wege funktioniert die Übertragung von Kalendereinträgen, Aufgabenlisten, Adressen und Notizen (Push-Dienst). Werden die Einträge auf dem BlackBerry erfasst oder E-Mails geschrieben, erfolgt die Datenübertragung in umgekehrte Richtung auf das Groupware-System.

Der BES erlaubt Firmen auch erhöhte Sicherheitseinstellungen. Somit kann der Administrator Software Over the Air (OTA), d. h. über das Mobilfunknetz, im Hintergrund auf dem BlackBerry installieren. Im Notfall kann der BlackBerry mit einem speziellen OTA-Befehl gelöscht werden, jedenfalls solange eine Verbindung zum Server besteht.

Für kleine Unternehmen steht als Alternative zum BES der auf maximal 30 Clients begrenzte BlackBerry Professional Server (BPS) zur Verfügung. Dieser stellt geringere Anforderungen an die Server-Hardware. Dadurch kann dieser im Gegensatz zum BES auf Domaincontrollern oder auf dem gleichen Server wie MS Exchange installiert werden. Zudem unterstützt ein Installationsassistent auch weniger versierte Administratoren.

Damit auch Privatanwender und Unternehmen ohne eigene Server (Prosumer) Teile der BlackBerry-Technik nutzen können, stellen die Mobilfunkprovider Server zur Verfügung, die den Basisdienst E-Mail bereitstellen. Diese heißen im Gegensatz zum *BlackBerry Enterprise Server* (BES) anders, und zwar *BlackBerry Internet Service* (BIS). Hier werden externe POP3/IMAP/OWA/LWA/Hotmail-Postfächer eingebunden und die dort eingehenden E-Mails dann an das Handgerät weitergeleitet. Dabei besteht die Möglichkeit, Antworten vom Handgerät mit einer eigenen E-Mail-Adresse zu maskieren, so dass nicht die vom Mobilfunkanbieter generierte E-Mail-Adresse benutzt werden muss. Dieser Dienst wird im Moment in Deutschland von T-Mobile, Vodafone, E-Plus und O angeboten. Mit BIS ist es ohne Zusatzsoftware zwar nicht möglich, Kontakte, Aufgaben, Notizen oder den Kalender über einen BES zu synchronisieren. Doch steht den BIS-Kunden der Abgleich des BlackBerry via USB oder, bei neueren Modellen, via Bluetooth manuell mittels Blackberry Desktop mit Outlook oder Notes, zur Verfügung. Zusätzlich können BIS-Kunden die für BlackBerry bekannte Funktionalität nutzen, wenn sie von Drittanbietern entwickelte Lösungen einsetzen, die Daten über eine XML-Schnittstelle mit dem BlackBerry synchronisieren.

Aktuell ist der BIS in Version 2, die es erlaubt, für jedes Postfach ein eigenes Bildschirmsymbol auf dem BlackBerry zur Verfügung zu stellen.

Besonders kleine und mittelständische Unternehmen, die die vollen BlackBerry-Funktionalitäten nutzen möchten, aber für die ein eigener BES zu teuer ist, können dies durch das sogenannte *BlackBerry Hosting* erreichen. Dabei wird der Server von einem IT-Dienstleister bereitgestellt, der Abonnent bezahlt lediglich einen bestimmten Betrag pro Monat. Alternativ gibt es den BlackBerry Professional Server, dieser ist bis zu 30 Nutzer/Lizenzen kostenlos - er ist der Nachfolger des BlackBerry Small Business Server. Erst bei mehr Usern wird ein BES benötigt.

Verbindung

Der Abgleich zwischen Handgerät und Server erfolgt bei älteren Modellen über ein spezielles Pager-Netzwerk, bei neueren im GSM-Netz über GPRS in verschlüsselter und komprimierter Form. Mit dem BlackBerry 8707/9000/9500/9520/9700 (Vodafone) oder dem XDA III-Trion (O) stehen mittlerweile auch UMTS-fähige BlackBerry- und BlackBerry-Connect-Geräte zur Verfügung. Zur Verschlüsselung wird 3DES und bei Servern ab Version 4 auch AES unterstützt.

Das erste Modell der Reihe, der BlackBerry 850, erschien 1999.

RIM konnte sich durch den in den Zahlen ersichtlichen starken Zuwachs mit einem Marktanteil von 20,8 % an die Spitze des PDA-Markts setzen (Stand Mai 2005).

Mittlerweile gibt es eine Software-Lösung namens *BlackBerry Connect*, die die BlackBerry-Funktionen auf PDAs nachbildet, z. B. auf Windows-CE-Geräten wie dem MDA 3 von T-Mobile oder Symbian-OS-Geräten wie dem Sony Ericsson P910. Das zurzeit einzige Gerät mit vollem BlackBerry-Funktionsumfang außerhalb der RIM-Geräte ist das SK65 von Siemens.

Sicherheit

Die hauptsächliche Sicherheitskomponente ist die AES-Verschlüsselung (bzw. bei älteren Versionen 3DES) des gesamten Datenverkehrs mit 256 Bit langen AES-Schlüsseln vom BES zum Handgerät. Die Übertragung der Daten zwischen Endgerät und RIM-Server erfolgt laut RIM-Stellungnahme „immer durch eine verschlüsselte Kommunikation". Dies wurde nach der in Le Monde falsch wiedergegebenen – und nur angeblich nachträglich berichtigten – Warnung vor der Nutzung der Geräte in Regierungskreisen bekanntgegeben, nach der eine angebliche Datenschutzgefahr durch US-amerikanische und britische Geheimdienste auf Grundlage des *Regulation of Investigatory Power Act* (RIP Act) bestehe. Dieses Gesetz gewährt den britischen Behörden im Anti-Terror-Kampf weitgehende Freiheit in der Kommunikationsüberwachung, was allerdings nur für in Großbritannien stehende Server gilt. Dies trifft auf die RIM-Server nicht zu, da diese die BlackBerry-Daten in Großbritannien nur durchschleusen, nicht aber lagern. Dieser Schlüssel, der anfänglich mittels Zufallsgenerator bei der Aktivierung des Gerätes ausgehandelt wird, ist maximal 30 Tage gültig, bis er erneuert wird. Selbst wenn dieser Schlüssel kompromittiert worden sein sollte, ist der Folgeschlüssel nicht abhängig vom Vorgänger und somit die Sicherheit wiederhergestellt. Der BlackBerry-Administrator kann jederzeit den Schlüssel erneuern, wie auch der Benutzer des Handgeräts, der mit dem umgangssprachlichen „Paranoia-Button" die erneute Schlüsselerzeugung erzwingen kann. Zudem werden die ausgehenden Pakete vom BES sowie vom Handgerät jeweils nicht mit dem „Masterkey" verschlüsselt, sondern jeweils mit einem auf dem „Masterkey" beruhenden „Session-Key". Zusätzlich besteht auch die Möglichkeit des Einsatzes von S/MIME oder PGP zur Verschlüsselung der E-Mails.

Der Geräteinhalt kann zusätzlich zum Erzwingen eines Gerätepasswortes verschlüsselt werden. Die IT-BlackBerry-Administration hat die Möglichkeit, mehr als 400 zentrale Einstellungen über sogenannte „Policies" zu setzen, Richtlinien, die Geräteeigenschaften abschalten oder mit Sicherheitsmerkmalen versehen. Herauszustellen wären hier:

- Die Möglichkeit, sichere Passwörter (bis 24 Zeichen) zu erzwingen. Die komplexeste Einstellung wären Großbuchstaben, Kleinbuchstaben, Sonderzeichen und Zahlen im Passwort.
- Passwort-Historie: Die n letzten Passwörter werden gemerkt und können nicht wieder verwendet werden.
- Sperren von bestimmten Passwörtern.
- Sperrung des Gerätes nach einer vordefinierten Zeit.
- Sperrung und Löschung des Geräts nach vorher definierten Anzahl von Passwort-Fehleingaben.
- „Periodic Challenge": Kennworteingabe nach einer gewissen Zeit, auch wenn an dem Gerät gearbeitet wird.
- Verbot von SMS, MMS oder anderer E-Mail-Dienste.
- Erzwingung der Verschlüsselung des gesamten Handgeräts (Inhaltsschutz)
- Bei neueren Modellen (8100, 8800):
  - Deaktivierung der Kamera, der Multimedia-Funktionen und von externen Speichern (MicroSD).

Basis für die Dokumentation der verfügbaren Richtlinieneinstellungen ist das sogenannte „BlackBerry Enterprise Server Policy Reference Guide", das jeweils zur aktuellen Version eines BlackBerry Enterprise Servers aktualisiert wird.

Alle diese Richtlinien werden über das Funk(GPRS/UMTS)-Netz übertragen und werden, ohne dass der Nutzer dieses beeinflussen kann, aktiviert. Hierin liegt eine der Stärken der Technik: Der Administrator kann zentral Einstellungen verändern, ohne das Gerät in die Hand nehmen zu müssen. Er kann Geräte weltweit administrieren, aber auch *over the air* löschen, wenn eines verloren gegangen ist, oder gestohlen wurde. Dazu schafft diese zentrale Administration Rechtssicherheit in Bezug auf Verhaltensvorgaben und Vorgaben zur Corporate Identity. Der extern arbeitende Benutzer wird gezwungen, sich an diese gegebenen Kodizes zu halten und somit den öffentlichen Firmenauftritt nicht zu schädigen.

In Juli 2009 wurde in den Vereinigten Arabischen Emirate vom Provider Etisalat ein "Performance Patch" verbreitet, der sich als Schnüffelsoftware der US-Softwarefirma SS8 herausstellte, und mit dem sich der E-Mail-Verkehr der Blackberry-Kunden aushorchen ließ.

Datenschutz und BlackBerry

BES ist ein Produkt, das hauptsächlich für den amerikanischen Markt konzipiert ist. Amerikanische Unternehmen erwarten andere Leistungsmerkmale als die weltweite Kundschaft. In Amerika ist jede E-Mail, die über das Unternehmensnetzwerk läuft, Eigentum der Firma. Privatsphäre wird nicht garantiert und wird in vielen Fällen explizit ausgeschlossen. Nach momentaner Rechtsprechung sind Firmen in den USA auch dafür verantwortlich, was Mitarbeiter in ihren E-Mails schreiben. Daher findet in vielen Firmen eine starke Überwachung des Datenverkehrs statt. Der BES ist ebenfalls dazu in der Lage. Es können Einstellungen getroffen werden, dass jede E-Mail automatisch als Blindkopie an einen bestimmten Empfänger gesandt wird. Ab der Versionen 4.1 ist es möglich, sämtliche PIN-to-PIN-Nachrichten (so etwas wie SMS zwischen BlackBerry-Geräten), SMS und BlackBerry Messenger Nachrichten in Logdateien zu schreiben. Zudem können alle Telefonate, mit dazugehörigem Namen aus dem Benutzer-Adressbuch, in eine Logdatei geschrieben werden. Dazu können serverseitig nahezu sämtliche Status und Einstellungen des Gerätes, wie installierte Software oder Betriebszeiten abgerufen werden. In Deutschland und anderen Ländern stellt diese Technik ein Datenschutzproblem dar. Die Einstellungen können problemlos ohne Benachrichtigung des Benutzers, mit Hilfe der Policies, jederzeit geändert werden und nur auf ihn oder eine bestimmte Benutzergruppe angewendet werden. Eine simple Fehlkonfiguration kann somit datenschutzrechtlich bedeutsame Inhalte einem nicht autorisierten Personenkreis zugänglich machen. Unter dieser Prämisse sollte die Verwendung von BlackBerry-Endgeräten im Firmenumfeld in Bezug auf die Privatsphäre stets unter der allgemeinen Maßgabe erfolgen, Inhalte rein geschäftlich und wenig bis gar nicht persönlich zu gestalten. Des Weiteren ist bei Einführung von BlackBerry-Diensten im Firmenumfeld zu klären, inwiefern eine Einführung – hier auch insbesondere wegen der technischen Umsetzung des Zugriffes auf das Postfach unter Zuhilfenahme eines „Kurier-Accounts", besonders im Microsoft-Exchange-Umfeld – mit dem Betriebsrat besprochen und genehmigt werden muss.

Krimminalität und Zensur

Im Zuge der Krawalle im Vereinigten Königreich ist vorallem der BlackBerry Messenger in die Kritik geraten: viele Randalierer sprache sich über das Instant Messaging Netzwerk ab, mit dem die Geräteinhaber direkt miteinander kommunizieren können und nicht von staatlichen Behörden kontrolliert werden können. Der Messenger funktioniert ausschließlich mit Blackberrys und überträgt verschlüsselt Nachrichten, Videos und Bilder. Im Zuge der Krawallw gab die die Firma RIM auf einem offiziellen Twitter-Account für Großbritannien bekannt, mit den Behörden kooperieren zu wollen. Die Gruppe TeaMp0isoN hackte nach eigenen Angaben den offiziellen Blackberry-Weblog der Firma und platzierte eine Nachricht auf der Homepage:

"Dear Rim; You Will _NOT_ assist the UK Police because if u do innocent members of the public who were at the wrong place at the wrong time and owned a blackberry will get charged for no reason at all, the Police are looking to arrest as many people as possible to save themselves from embarrassment.... if you do assist the police by giving them chat logs, gps locations, customer information & access to peoples BlackBerryMessengers you will regret it, we have access to your database which includes your employees information; e.g – Addresses, Names, Phone Numbers etc. – now if u assist the police, we _WILL_ make this information public and pass it onto rioters.... do you really want a bunch of angry youths on your employees doorsteps? Think about it.... and don't think that the police will protect your employees, the police can't protect themselves let alone protect others..... if you make the wrong choice your database will be made public, save yourself the embarrassment and make the right choice. don't be a puppet... "

Die Indische Regierung vermutet, dass die Anschläge am 26. November 2008 in Mumbai, bei dem vor zwei Jahren 166 Menschen getötet wurden, über Blackberrys geplant wurde.

In Saudi-Arabien ist der BBS besonders ist er besonders bei Jugendlichen beliebt. In dem konservativen islamischen Land ist er für viele Nutzer die einzige Möglichkeit Kontakt zum anderen Geschlecht aufzunehmen. Vor einem Jahr hatte dem hersteller RIM zufolge die größte staatliche Telekommunikationsfirma des Landes Etisalat, versucht, unter dem Vorwand eines Software-Updates ein Spionageprogramm auf den Geräten zu installieren.

Aber auch Terroristen könnten damit kommunizieren. Zum Beispiel vermutet die indische Regierung, dass der Anschlag in Mumbai, bei dem vor zwei Jahren 166 Menschen getötet wurden, über Blackberrys geplant wurde. Allerdings geben Experten zu bedenken, dass sich Terroristen auch verschlüsselt über das normale Internet verständigen könnten.

Patentstreit

Die BlackBerry-Technik verletzte (zumindest in den USA) ein Patent, das 1991 angemeldet und später von einer Firma namens NTP mit Sitz im US-Bundesstaat Virginia erworben wurde. Diese verklagte RIM im November 2001, nachdem Verhandlungen über einen Lizenzvertrag gescheitert waren. Es folgte ein mehrjähriger Rechtsstreit, in dessen Verlauf befürchtet wurde, dass ein Gericht die Abschaltung aller BlackBerrys anordnen könnte. Dazu kam es jedoch nicht, stattdessen erzielten die Prozessgegner im März 2006 eine gütliche Einigung. Die Firma RIM verpflichtete sich zur Zahlung von 612 Millionen US-Dollar und erwarb das Recht, die betroffenen Patente benutzen zu dürfen. Die von NTP gehaltenen Patente (16 Claims) wurden mittlerweile vom US Patent Office für nicht richtig erklärt.

Schwächen

Wenngleich mit dem BlackBerry eine produktiv einsetzbare Lösung für mobile Kommunikation per E-Mail bereitgestellt wurde, sind manche Schwächen – insbesondere die Betrachtung von E-Mail-Anhängen in Fremdformaten (MS-Office, PDF, TIFF, etc.) – offenkundig. Die RIM-Basissoftware beschränkt sich weitgehend darauf, Text aus den Dokumenten zu parsen und als reinen Text anzuzeigen, wobei Textattribute und Formatierungen ignoriert werden. Die Anzeige von Grafiken ist ebenfalls nicht zufriedenstellend, dahingehend, dass Zoom- und Panning-Funktionen entweder gar nicht zur Verfügung stehen oder nur durch aufwendige Folgen vieler Klicks möglich sind. BlackBerry-Benutzer, die mit E-Mail-Anhängen arbeiten, sind hier auf Produkte von Fremdfirmen angewiesen, wie den DocHawk Attachment Viewer oder RepliGo. In der Firmwareversion 4.5 ist die Software *DocumentsToGo* von DataViz Bestandteil des Betriebssystems; hiermit lassen sich Dokumente und Dateianhänge auch nativ betrachten. Die Editierfunktion von Office-Dokumenten ist dadurch ebenfalls möglich. Für das Erstellen von neuen Vorlagen auf dem Gerät muss die kostenpflichtige Premium-Edition erworben werden. Ein weiterer Kritikpunkt betrifft die Hauptfunktion der BlackBerry-Geräte: Die E-Mail-Funktion ermöglicht es nicht, in Antworten nur Teile der ursprünglichen Nachricht zu zitieren oder zwischen die Zeilen des Originals zu schreiben. (Um wenig Datenverkehr zu erzeugen, wird bei Antworten und Weiterleitungen die Originalnachricht vom Server zugefügt. Sie liegt meist nicht vollständig im Gerät vor.) Kostenfreie Mini-Anwendungen, wie z. B. Forward Reply and Edit, ermöglichen jedoch diese Funktion. Durch Kopieren und Einfügen lässt sich das oben beschriebene Problem auch umgehen. Zudem erhält das BlackBerry seit Anfang des letzten Jahrzehnts stetig steigende Konkurrenz von Smartphones, die typische Blackberry-Eigenschaften wie E-Mail-Clienten und Organizer-Funktionen standardmäßig integriert haben und dazu ein breites Maß an weiteren Extras bieten.

Von „http://de.wikipedia.org/wiki/BlackBerry"

HTC 7 Pro

Das **HTC 7 Pro** ist ein Smartphone des taiwanesischen Herstellers HTC Corporation. Als Betriebssystem kommt Windows Phone 7 zum Einsatz.

Vorderseite des HTC 7 Pro

Hintergrund

Das HTC 7 Pro gehört der ersten Serie von Smartphones an, die mit dem Microsoft-Betriebssystem Windows Phone 7 ausgestattet sind. Im Gegensatz zu den übrigen Windows-Phone-7-Smartphones des Herstellers HTC Corporation wurde das HTC 7 Pro erst Anfang 2011 eingeführt. Konzipiert ist das HTC 7 Pro als Business-Smartphone, da es über eine ausziehbare QWERTZ-Tastatur verfügt und mit einem stärkeren Akku (1500mAh) ausgestattet ist. Insbesondere gegenüber dem HTC HD7 wurde ein Touchscreen mit gleicher Auflösung (WVGA), aber geringerer Diagonale verbaut. Microsoft stellt an die Fabrikate, auf denen Windows Phone 7 laufen soll, strenge Anforderungen, die unter Anderem der Qualitätssicherung dienen. Gleichzeitig führt dies aber zu weitreichenden Einschränkungen bezüglich der Offenheit für Anwendungsentwicklungen und individuelle Herstellerdesigns.

Markteinführung

Das HTC 7 Pro wurde im ersten Quartal 2011 ausgeliefert und ist zudem über den Mobilfunkanbieter O2 erhältlich.

Technik

Chipset

Als Hardware-Basis kommt ein Snapdragon-Chipset des Typs QSD8250 zum Zuge, welches bereits im Vorgänger HTC HD2 verbaut war. Der mit 1 Ghz taktende Prozessorkern namens Scorpion ist vergleichbar mit dem *ARM-Cortex-A8*-Kern und wird von 576 MB Arbeitsspeicher unterstützt. Grafische Berechnungen übernimmt der fest auf der Platine verbaute Adreno 200-Chip von Qualcomm, welcher unter anderem den OpenGL ES 2.0- sowie Direct3D-Standard beherrscht.

Das QSD8250-Chipset stellt die erste Generation der Snapdragon-Produktlinie dar und unterstützt mehrere Mobilfunkstandards, darunter GPRS, EDGE, UMTS und HSPA.

Zudem beinhalten alle Snapdragon-Chipsets Recheneinheiten zum Dekodieren von HDTV mit einer Auflösung von 720p sowie einen GPS-Empfänger.

Speicher

Entgegen anderen Modellen, wie etwa dem Samsung Omnia 7, kommt im HTC 7 Pro kein festgelöteter NAND-Speicher zum Zuge, sondern ein interner, nicht frei zugänglicher SD-Kartenslot. In diesem Kartenslot befindet sich eine 8 GB SDHC-Speicherkarte. Der interne ROM-Speicher mit einer Kapazität von 512 MB wird hierbei, gemeinsam mit der SD-Karte, in einem JBOD-Verbund zu einem Speicher zusammengefügt; innerhalb des Betriebssystems kann also nicht mehr zwischen ROM oder SD-Karte unterschieden werden.

Mittlerweile hat allerdings ein Tüftler der Online-Community PocketPC.ch anscheinend einen Weg gefunden, dennoch eine größere SD-Karte einzubauen. Solche Experimente waren auch beim HTC HD7 bereits erfolgreich und sollen dort laut eines Videos, das bei Youtube eingestellt wurde, auch ohne Verlust der Garantieansprüche möglich sein.

Kamera

Die integrierte Kamera kann Fotos mit einer Auflösung bis zu 5 Megapixel (2. 560 × 1.920 Pixel) schießen. Zur Lichtmessung kommt ein aktiver Pixelsensor (auch bekannt als "CMOS-Sensor") zum Zuge. Unterstützung erhält die Kamera dabei von einem Dual-LED-Blitzlicht. Die Kamera kann zudem Filme mit einer Auflösung bis zu 720p (1280 × 720 Pixel) aufnehmen. Im Weiteren stehen dem Nutzer verschiedene Aufnahmeprogramme zur Verfügung, darunter *Kerzenschein*, *Landschaft* und *Portrait*.

Funkverbindungen

Drahtlos kommuniziert das HTC 7 Pro per WLAN-Standard 802.11 b/g/n, GPRS, EDGE, UMTS, HSPA und Bluetooth 2.1. Zudem ist eine A-GPS-Antenne eingebaut.

Es werden die Bluetooth-Profile A2DP, AVRCP, HFP, HSP und PBAP unterstützt.

Bedienung

Das HTC 7 Pro ist das einzige Windows Phone 7-Gerät des Herstellers HTC Corporation, das über eine physische Tastatur verfügt. Die Tastatur fährt seitlich des Displays nach links aus. Insbesondere der Homescreen ist bei dem Betriebssystem Windows Phone 7 aber auf eine vertikale Haltung des Displays ausgelegt. Zur Nutzung der physischen Tastatur muss das HTC 7 Pro aber notwendigerweise quer gehalten werden, was die Bedienung der dann falsch orientierten Menüs erschwert. Dieses Manko wurde seitdem in mehreren redaktionellen Tests gerügt.

Von „http://de.wikipedia.org/wiki/HTC_7_Pro"

HTC Smart

Das **HTC Smart**, ist ein Smartphone mit Brew, hergestellt von der HTC Corporation. Es ist in Europa und Asien am 15. März 2010 auf den Markt gekommen und wird in Deutschland exklusiv durch O₂ vertrieben.

Es verfügt über einen 300-MHz-Prozessor von Qualcomm. Wie viele andere neuere Geräte von HTC ist auch das Smart mit der Benutzeroberfläche Sense ausgestattet.

Von „http://de.wikipedia.org/wiki/HTC_Smart"

Motorola A780

Das **Motorola A780** ist ein von Motorola produziertes klappbares Mobiltelefon. Das auf Linux basierende Smartphone ist in einer asiatischen und seit August 2005 auch in einer europäischen Version (auch *A780+* genannt) erhältlich. Die europäische Version unterscheidet sich von der asiatischen durch das Fehlen der Spracherkennung und das Vorhandensein eines integrierten Navigationssystems. Das A780 verfügt über einen Touchscreen mit einer Auflösung von 240 × 320 Pixeln. Im geschlossenen Zustand ist dieser durch ein Fenster in der Klappe teilweise sichtbar. Über die numerische Tastatur, die sich auf der Klappe unter dem Fenster befindet, können die Basisfunktionen des Telefons auch bei geschlossener Klappe aufgerufen werden.

Das A780 zeichnet sich gegenüber anderen Smartphones durch eine geringe Größe von 107 × 54 × 24 mm, einen günstigen Preis und eine hohe Systemstabilität aus. Kritisiert wurde es aufgrund der unausgereiften PIM-Funktionalität, des eingeschränkten Angebots an zusätzlicher Software und der Akkulaufzeit (diese beträgt je nach Nutzung und Displayeinstellungen zwei bis vier Tage; bei der Verwendung von bestimmten SIM-Karten des Netzbetreibers O₂ muss GPRS aktiviert sein, sonst sinkt die Akkulaufzeit drastisch). Andererseits wird es von den Kunden wegen seines Mobilinux-Betriebssystems und den damit verbundenen Möglichkeiten geschätzt.

Navigationssystem

Das A780 verfügt über einen integrierten GPS-Empfänger, der zusammen mit der Software *CoPilot* von ALK Technologies das Navigieren per Satellitenortung ermöglicht. Die Funktion des Navigationssystems ist dabei zunächst auf eine von neun wählbaren europäischen Regionen eingeschränkt, kann aber durch eine kostenpflichtige Freischaltung auf ganz Europa ausgeweitet werden. Ein Update des Kartenmaterials oder der zugehörigen PC-Software, die es erlauben würde, Kartenmaterial ins Handy einzuspielen, wurde vom Hersteller ALK Technologies nicht produziert. Ein Erwerb aktuellen Kartenmaterials ist A780-Besitzern daher nicht möglich.

Von „http://de.wikipedia.org/wiki/Motorola_A780"

Nokia Internet Tablet

Nokia Internet Tablets ist die Bezeichnung für eine Reihe von mobilen Kleincomputern des Unternehmens Nokia. Die N7xx- und N8xx-Modelle sind zwischen PDA und Ultra-Mobile PC einzuordnen, während das sehr viel kleinere N900 eher ein Smartphone ist und von Nokia in die NSeries eingeordnet wird.

Wie die Gattungsbezeichnung schon sagt, sind sie primär zur mobilen Internetnutzung vorgesehen. Hierzu verfügen sie über einen vollständigen Webbrowser, Software zur E-Mail-Verarbeitung, einen RSS- sowie PDF-Reader, Audio-, Bild- und Videoapplikationen. Im Gegensatz zu anderen portablen Linux-Geräten kommt eine vollständige Linux-Distribution und keine restriktive eingebettete Variante zum Einsatz, daher wurde das Nokia 770 bei Erscheinen als inoffizieller Zaurus-Nachfolger gehandelt.

* Kann mit Upgrade auf Betriebssystemversion OS2008 auf 400 MHz erhöht werden.
** Nur Ir-Sender der LIRC (Fernbedienungen für Fernseher, Radio, ...) kompatibel ist.
*** Kann auf OS2008 (Maemo Chinook 4.0 / Diablo 4.1) per Softwareupdate aktualisiert werden.

Nokia 770

Das Nokia 770 war das erste Internet Tablet von Nokia und wurde am 25. Mai 2005 auf dem LinuxWorld Summit in New York vorgestellt. Eine Markteinführung war ursprünglich für das dritte Quartal 2005 geplant und selbst nachdem Nokia mehrfach die Produktionskapazitäten erhöhte, gab es nach dem tatsächlichen Erscheinungsdatum (1. November 2005) über mehrere Monate eine längere Lieferzeit als 4 Wochen.

Das Nokia 770 war zuletzt für 349 € bei Nokia zu kaufen, ist mittlerweile jedoch nicht mehr lieferbar.

Das Touchscreen-Display (4,13″-Diagonale) besitzt eine Auflösung von 800×480 Pixeln, das aufgrund des kleinen Formfaktors (90 mm × 55 mm) sehr hochauflösend ist (225 Pixel pro Zoll). Das Gerät wiegt 185 g, mit Oberschale 230 g. Der USB-Anschluss besitzt eine On-the-go-Funktionalität mit der das

N770 auch als USB-Host dienen und andere USB-Geräte auch mit bis zu 100 mA Strom versorgen kann.

Nach Nokias Angaben lässt sich das Gerät mit vollem Akku 3 Stunden bei intensiver (WLAN-)Nutzung oder 7 Tage im Standby-Modus betreiben, Erfahrungen zeigen aber eine deutlich längere Laufzeit. Aus dem Standby-Modus gelangt man in Sekundenbruchteilen in den normalen Betriebsmodus (*Instant-On*).

Nokia N800

Nokia N800

Im Januar 2007 wurde mit dem N800 der Nachfolger des ersten Nokia Internet Tablets auf der CES 2007 in Las Vegas vorgestellt.

Neu gegenüber dem 770 war ein der TI-OMAP2420-Mikroprozessor sowie doppelt soviel Arbeits- und Massenspeicher. Der CPU-Takt beträgt bei Auslieferung 333MHz, wird jedoch mit dem Firmware-Update auf die 2008-Plattform auf 400 MHz erhöht.

Das N800 verfügt über einen internen und externen SDHC-Memory-Card-Einschub, weshalb man durch passende Adapterkarten auch SD-, microSD-, MiniSD, MMC- und RS-MMS-Speicherkarten nutzen kann. Darüber hinaus verfügt es über eine eingebaute Webcam, Bluetooth 2.0 und Stereo-Lautsprecher. Das mitgelieferte Betriebssystem ist *Internet Tablet 2007 Edition*, basierend auf Maemo 3.0, eine angepasste Linux-Version für Embedded-Geräte. Die Nachfolger-Version *Internet Tablet 2008 Edition* lässt sich per Firmware-Update ebenfalls installieren.

Das N800 war zum Erstverkaufstag im Nokia Online-Shop zum Preis von 399 Euro verfügbar, inzwischen ist es nicht mehr lieferbar.

Nokia N810

Nokia N810 im geöffneten Zustand

Am 17. Oktober 2007 kündigte Nokia das Modell N810 Internet Tablet an. Es basiert auf der OS2008-Plattform (Maemo 4.0, Chinook, auch auf dem N800 installierbar). Obwohl etwas kleiner als sein Vorgänger bietet es zusätzlich einen GPS-Empfänger und eine aufschiebbare QWERTY-Tastatur (die Geräte für den deutschen Sprachraum haben eine QWERTZ-Tastatur). Die CPU des N810 taktet mit 400 MHz schneller als beim Vorgänger im Auslieferungszustand.

Die Displaygröße hat sich nicht verändert, doch ist es jetzt transreflektiv ausgeführt und somit auch im Sonnenlicht gut lesbar. Laut Herstellerangaben soll das Gerät höhere Akkulaufzeiten aufweisen. Die Unterstützung von MMC-Speicherkarten wurde eingestellt, zudem hat es ausschließlich einen (externen) Kartenslot für mini- oder microSD(HC)-Speicherkarten (microSD über miniSD-Adapter). Statt des internen Speicherkartenlesers des N800 hat das N810 einen fest eingebauten zwei Gigabyte großen internen Flashspeicher. Das FM-Radio wurde ebenfalls ausgespart. Aus dem miniUSB-Anschluss ist ein microUSB-Anschluss geworden. Die Kamera ist direkt ins Gehäuse verbaut, statt wie beim N800 ausklappbar an der linken Seite.

Es kann seit Mitte November 2007 in den USA für 479 USD (exkl. Steuern), in Deutschland für 449 Euro käuflich erworben werden. Auf der Softwareseite wurde der Opera-Browser durch einen freien Mozilla-Browser ersetzt und die GPS-Funktion wird durch eine eigene Navigations-Software ergänzt.

Nokia N810w

Nokia N900

Dieses WiMAX fähige Gerät wurde am 1. April 2008 auf der CTIA in Las Vegas angekündigt. Es basiert auf dem Nokia N810. Bis auf 4 Gramm mehr Gewicht und der WiMAX-Unterstützung (nach IEEE 802.16e Standard) sind keine Unterschiede zum N810 bekannt. Das Gerät wird nicht mehr produziert.

Nokia N900

Ende August 2009 kündigte Nokia den Nachfolger N900 an. Anfang Dezember wurden die ersten Seriengeräte in Deutschland ausgeliefert. Das N900 enthält erstmals eine Telefonfunktion. Außerdem verfügt es über eine 5-Megapixel-Kamera und 32 GB Flash-Speicher, sowie eine ARM CPU der Cortex-A8 Architektur die mit 600 MHz getaktet ist. Durch die Reduktion der Bildschirmdiagonale auf 3,5" ist es kleiner und leichter als die Vorgänger.

GPS-Navigation

Für das 770 und N800 werden angepasste GPS-Navigation-Sets angeboten. Die N810x Modelle und das N900 haben bereits ein eigenständiges GPS-Modul integriert. Daneben kann das N900 seine Position auch mit Hilfe von GSM-Ortung bestimmen (z.B., wenn kein GPS-Empfang möglich ist), was systembedingt deutlich ungenauer ist.

Software

Das Besondere an den Nokia Internet Tablets ist die zum großen Teil freie Firmware Maemo. Maemo basiert auf

Technologien des Debian GNU/Linux-Projekts sowie X11, GTK+ und D-Bus. Durch diese Herangehensweise kann Maemo viele externe Ressourcen konzentrieren und der Portierungsaufwand für weitere Software ist gering.

Als zentrale Anlaufstelle für die Firmware-Entwicklung hat Nokia das Maemo-Projekt ins Leben gerufen, das die offizielle Entwicklerplattform für die Software darstellt und Entwickler mit Dokumentationen und allen anderen Entwicklungstools versorgt.

Nokia hat im Vorfeld der Entwicklung mehrere Open-Source-Entwickler unter Vertrag genommen und bezahlt sie für die Arbeit an ihren eigenen Projekten. Viele der Weiterentwicklungen an den verschiedenen Projekten wurden auch in die Ursprungsversionen der jeweiligen Software übernommen.

Es sind mehr als hundert bekannte Open-Source-Programme auf Maemo portiert, was sich sehr einfach gestaltet, da Nokia auf etablierte Standards im Open-Source-Umfeld setzt. Aufsehen erregte die erfolgreiche Portierung von Doom 1 auf das Gerät. Es existiert Software für GPS-Navigation, E-Book-Reader, PIM-Verwaltung sowie ein Text-To-Speech-Programm.

Vorinstalliert sind je nach Maemo-Version neben freier Software auch der von Nokia zugekaufte Browser Opera, der Video-Player der auf Reals Helix-Engine basiert, sowie die eingesetzte Handschriftenerkennung.

Maemo

Hauptartikel: Maemo

Internet Tablet OS 2006

Am 28. Juni 2006 veröffentlichte Nokia das erste größere Update für die Firmware als *Internet Tablet 2006 Edition* bzw. *Maemo 2.0*. Hinzugekommen sind Instant Messaging bzw. VoIP-Funktionen, die auf dem freien Standard XMPP/Jabber bzw. dessen Erweiterung *Jingle* basieren und von Google Talk gesponsert werden. Auch wird Zusatz-Software jetzt über ein Frontend für APT an den Endbenutzer ausgeliefert, was Installieren und Aktualisieren zum Kinderspiel macht. Intern wurde der Großteil der Software aktualisiert, von Benutzern wird eine subjektiv schnellere Reaktionszeit berichtet. Als von Benutzern nachgefragte Funktion wurde eine bildschirmfüllende Software-Tastatur implementiert.

Seit dem 13. Juli 2006 wird die Software Gizmo5 in einer Version für das Nokia 770 angeboten, die unter Mitarbeit Nokias entstanden ist.

Internet Tablet OS 2007

Basiert auf *maemo 3.x Bora* und wird im Nokia N800 verwendet.

Internet Tablet OS 2008

Basiert auf *maemo 4.x Chinook* und wird im Nokia N800 und Nokia N810 verwendet. Zu den sichtbaren Neuerungen gegenüber der Vorversion zählen unter anderem ein neuer, Gecko-basierter Webbrowser, und Unterstützung für das Bluetooth Headset Profil HSP. Auf dem Nokia N800 mit dieser Betriebssystemversion wird der 400-MHz-Prozessor nicht mehr auf 333 MHz gedrosselt.

Navigationssoftware

Die drei Internet Tablets eignen sich auch als Navigationsgerät wenn man die entsprechende Navigationssoftware installiert. Neben einer kommerziellen Lösung, die von Nokia vertrieben wird, gibt es die Open Source Projekte Maemo Mapper und Navit. Beide Anwendungen erlauben das Speichern von Kartendaten auf Speicherkarten, so dass beim Betrieb als Navigationsgerät keine Internet-Verbindung notwendig ist.

Wichtigster Unterschied zwischen diesen beiden Programmen ist die Art der Daten. Maemo Mapper verwendet hierzu Bilddaten von beispielsweise OpenStreetMap oder Google Maps, während Navit Vektordaten von OpenStreetMap verwendet. Navit hat deshalb den Vorteil, die Routen auch offline berechnen zu können, während Maemo Mapper hierzu einen Serverdienst im Internet beansprucht. Ein weiterer Vorteil der Verwendung von Vektordaten ist der deutlich geringere Speicherplatzbedarf von momentan nur rund 120 MB für eine ganze Karte von ganz Deutschland, anstatt von über 80 GB für die gleichen Daten in Form von Bilddateien. Ein wichtiger Nachteil bei der Verwendung von Vektordaten ist, dass für das Rendern viel Rechenkapazität und damit Akkuleistung benötigt wird. Deshalb ist die auf Vektordaten basierende Darstellung meist detailärmer als die von vorgerenderten Karten.

Sonstiges

Zielgruppe

Da das Gerät laut Analysten keine direkte Konkurrenz hat, ist es als Nischenprodukt erfolgreicher, als Nokia erwartete. Es steht nicht in Konkurrenz zu Microsoft und Intels Ultra-Mobile PCs, da diese größer und in einem sehr viel höheren Preissegment angesiedelt sind.

Laut Ari Jaaksi (Nokias Open-Source-Beauftragter) sei die Geräteklasse, die das Nokia 770 absteckt, im Vergleich zum PC wie das Handy im Vergleich zum traditionellen stationären Telefon. Er sieht einen entscheidenden Vorteil des Geräts darin, dass es kein vollständiges Mobiltelefon ist, und sich mit diesem, welches unabhängig vom N770 ausgetauscht werden kann, perfekt ergänzt.

Entwickler-Programm

Nokia bot 500 Software-Entwicklern, die sich nachweislich für die Open-Source-Gemeinschaft eingesetzt hatten, die Möglichkeit, das Gerät vor dem offiziellen Verkaufsstart zum Preis von 99 € zu kaufen, um Software dafür zu entwickeln. Die Einnahmen aus diesem Verkauf spendete Nokia direkt an die GNOME Foundation.

Literatur

- Matt Vella: *A New Message from Nokia.* BusinessWeek online, 7. Februar 2006 (Analyse der Bedeutung des Nokia 770 für Nokias Unternehmensstrategie und den Markt allgemein)

Von „http://de.wikipedia.org/wiki/Nokia_Internet_Tablet"

Nüvifone A50

Nüvifon A50 ist ein Smartphone, das im wesentlichen von den Firmen Garmin und Asus hergestellt wird. Das Garmin Nüvifone A50 ist allerdings nicht im freien Handel erhältlich: derzeit wird es in Deutschland exklusive nur von O vertrieben.

Das Nüvifone ist eine gemeinsame Entwicklung der Firmen Garmin (die Navigations-Software und Kartenmaterial), Asus (Hardware) und Google (Betriebssystem Android). Die Smartphones von Garmin-Asus gelten als die für Navigation am besten ausgestatteten mobilen Kommunikationsgeräte. Das Nüvifon M20 ist ein Nachfolger des A50.

Funktionen

Navigation

Das nüvifone A50 nutzte zunächst Google-OS Android 1.6 und ist inzwischen mit den neueren Versionen des Betriebssystems ausgestattet. Die herstellereigene Oberfläche Breeze sorgt für eine Verzahnung der Navigations-Anwendungen von Garmin mit den übrigen Handy-Funktionen. Das Gerät wird mit dem Garmin-Kartenmaterial für 45 Europäische Länder ausgeliefert. Die Navigationsleistungen des Gerätes werden auch in andere Bereich übertragen: Direkt zu Kontakten aus dem Adressbuch kann über die Navigations-Software gelots werden. Standorte sowie geogetaggte Fotos und Videos können per SMS/MMS/E-Mail ausgetauscht werden.

Telefonie

Das Gerät arbeitet in mehreren Netzen. Mittels des „Garmin Voice Studio" können eigene Stimme-Aufnahmen für gesprochene Navigations-Anweisungen genutzt werden.

Multimedia

Das nüvifone A50 bietet schnellen Datentransfer per WLAN und HSDPA und kann dank vorinstallierter Anwendungen auch direkt auf soziale Netzwerke wie Facebook oder Twitter zugreifen.

Hardware

Gesteuert wird das A50 mittels kapazitiven Touchscreen mit 3,5-Zoll-Diagonale und einer zentralen Taste unter dem Display. Das Europa-Kartenmaterial ist ab Werk im internen Speicher des Handys abgelegt, so dass noch knapp 1,2 GByte an Speicher verfügbar sind. Dazu kann eine microSD-Karte mit bis zu 32 GByte verwendet werden. Von „http://de.wikipedia.org/wiki/N%C3%BCvifone_A50"

Palm Pre

Das **Palm Pre** (stilisierte Schreibweise **palm prē**, englisch ausgesprochen [priː]) ist ein Smartphone von HP Palm mit Touchscreen und ausfahrender Daumentastatur. Es ist das erste Mobiltelefon von Palm mit dem neuen, selbstentwickelten und auf Linux basierenden Betriebssystem HP webOS.

Markteinführung

Das Smartphone und das verwendete Betriebssystem webOS wurden am 8. Januar 2009 auf der Consumer Electronics Show in Las Vegas erstmals der Öffentlichkeit vorgestellt und von der Fachwelt sehr positiv aufgenommen: Es gewann auf der Fachmesse sowohl den *Best of CES 2009 Award* als auch den *People's Voice Award*.

Die Markteinführung der CDMA-Version erfolgte in den USA am 6. Juni 2009. US-Exklusivpartner ist der landesweite Netzbetreiber Sprint Nextel.

Auf dem Mobile World Congress 2009 in Barcelona, der weltgrößten Fachmesse für Mobilfunk, stellte Palm am 17. Februar 2009 auch eine GSM- und UMTS-fähige Version vor.

Erster Vertriebspartner in Deutschland ist O, dort wird der Palm Pre seit dem 13. Oktober 2009 angeboten.

Im Januar 2010 wurde die *Palm Pre Plus* Version auf der Consumer Electronics Show in Las Vegas vorgestellt. Die Unterschiede zur „normalen" Version liegen in einem leicht veränderten Design, einer verbesserten Verarbeitung und der doppelten Speicherkapazität (RAM, interner Speicher). Die Plus Version ist in Deutschland seit dem 28. April 2010 verfügbar. August 2010 hat sich O dazu entschlossen, den Verkauf der Basisversion auslaufen zu lassen und nur noch das Pre+ neu anzubieten.

Eigenschaften

Im Palm Pre arbeit ein OMAP3430 System on a Chip von Texas Instruments u. a. bestehend aus einer 600 MHz ARM Cortex A8 CPU (untertaktet auf 500 MHz), einem Grafikprozessor PowerVR SGX 530, einem 430 MHz C64x+ Digitaler Signalprozessor und einem ISP (Image Signal Processor). Als Arbeitsspeicher dienen 256 MB RAM; für Daten steht ein acht GB großer, interner Flash-Speicher zur Verfügung, der nicht erweitert werden kann.

Das Smartphone ist als Slider mit ausfahrbarer vertikaler QWERTY-Tastatur (in Deutschland und Österreich QWERTZ) konzipiert und verfügt über einen kapazitiven, Multi-Touch-fähigen Touchscreen mit einer Auflösung von 320x480 Pixel und einer Bildschirmdiagonale von 3,1 Zoll (etwa 7,9 cm); unterhalb des Bildschirms befindet sich ein berührungsempfindlicher Streifen für Steuerungsgesten. Das Linux-basierte Betriebssystem webOS unterstützt Multitasking: alle laufenden Anwendungen werden als Karten angezeigt, zwischen denen der Benutzer per Geste umschalten kann.

Der Pre verfügt über einen Helligkeitssensor, der die Display- und Tastaturbeleuchtung je nach Umgebungslicht regelt. Zusätzlich sorgt ein Annäherungssensor dafür, dass das Display abgeschaltet wird, wenn man das Telefon ans Ohr hält.

Im Gerät ist eine integrierte Digitalkamera mit einer maximalen Auflösung von drei Megapixel und einem LED-Blitz verbaut. Die Kamera verfügt lediglich über einen festen Fokus. Es können auch Videos aufgenommen werden.

Als Schnittstellen stehen ein Micro-USB-Anschluss, Bluetooth 2.1 + EDR mit A2DP und Wi-Fi 802.11b/g zur Verfügung. Das Smartphone verfügt über einen integrierten GPS-Empfänger und unterstützt AGPS.

In Europa wird der Palm Pre und Palm Pre+ als GSM (Quadband)/UMTS (Dualband) Version angeboten, während auf dem US-Markt sowohl ein CDMA-Gerät (Sprint, Verizon) als auch GSM Gerät (AT&T) verfügbar ist.

Der Akku des Pre hat eine Kapazität von 1.150 mAh. Palm gibt eine Standbyzeit von 200 Stunden und eine Gesprächszeit von 5 Stunden an. Diese Werte gelten sowohl für UMTS als auch für GSM.

Von „http://de.wikipedia.org/wiki/Palm_Pre"

Palm Treo

Treo 300

Treo ist ursprünglich eine Produktfamilie von Smartphones auf Palm-OS-Basis der Firma Handspring. Nach der Fusion von Handspring mit Palm, Inc. zu palmOne erfolgt die Entwicklung unter der Regie von palmOne (jetzt wieder unter dem Namen Palm). Neuere Treo-Modelle aus dieser Zeit benutzen neben dem hauseigenen Palm OS auch das Windows Mobile-Betriebssystem.

Treo 90

Der Treo 90 war der letzte „reine" Organizer von Handspring (ohne Telefon). Er bot als erstes Gerät nach dem Prism wieder ein Farbdisplay, diesmal mit 4096 Farben. Dank eines etwas kleineren Displays konnten Ausmaße und Gewicht des PDAs reduziert werden: 113 Gramm bei 10,8 cm × 7,1 cm × 1,6 cm. Besonderheiten des Gerätes waren die für einen Palm-OS-PDA noch ungewöhnliche Tastatur wie bei den Smartphone-Modellen, die Frontklappe mit Fenster fürs Display und der Wechsel hin zu einem SD-Card-Slot (mit Springboard-Slot wären die kompakten Ausmaße nicht zu erreichen gewesen). Als erstes Handspring Gerät hatte der Treo 90 Palm OS 4.1 zu bieten, während auch spätere Modelle noch mit der 3.5er Version erschienen. Eine Neuheit, die auch in späteren Treos zu finden ist, war das Telefonbuch, in dem man erstmals Nummern durch Eingeben der ersten Buchstaben eines Namens finden konnte.

Treo 180/180g

Die Geräte Treo 180 und 180g erschienen Anfang 2002. Diese hatten ein eingebautes Dualband GSM-Mobiltelefon. Während der Treo 180 den Schritt hin zu einer kleinen aber vollständigen Tastatur wagte, kam der 180 g für „konservative" Graffiti-Nutzer ohne aus. Das machte sich unter anderem im Gewicht (140 Gramm statt 147 Gramm beim 180er) bemerkbar, nicht jedoch bei den Ausmaßen (beide 10,8 cm × 7,1 cm × 2,1 cm). Die Ausstattung mit Palm OS 3.5.2H4, 16 Graustufen bei 160×160 Pixeln, 33 MHz CPU und Lithium-Ionen-Akku entsprach früheren PDAs. Herausragend waren jedoch die Telefoniefunktionen, die Handspring integrierte – sogar eine Freisprecheinrichtung gab es im ersten Treo-Smartphone. Die 180er Serie der Treos waren die ersten in Deutschland erhältlichen Palm-OS-Smartphones. Qualitätsprobleme (Mängel in der Verarbeitung, hohe Ausfallquote) verhinderten den Durchbruch des Smartphones, auch konnte kein Partner bei den großen Mobilnetzbetreibern gefunden werden – entsprechende Ankündigungen von Seiten Viag Interkom wurden nicht umgesetzt. GPRS funktionierte noch nicht von Haus aus, wurde jedoch später von Handspring als kostenloses Update nachgeliefert.

Treo 270/300

Der Treo 270 entsprach von den Leistungsdaten her dem etwa 1/4 Jahr zuvor erschienenen Treo 180, kam jedoch mit dem Farbdisplay, das auch im Treo 90 Einsatz fand. Außer einem etwa 5 Gramm höheren Gewicht als der 180er sind kaum Unterschiede festzustellen. Die Geräte wurden allerdings mit einem leistungsstärkeren Akku ausgestattet, so dass sich die Betriebsdauer beim Wechsel vom Schwarz-Weiß- zum Farbdisplay nicht wie damals üblich verschlechterte, sondern deutlich verbesserte. Die Version Treo 300 war ein CDMA2000-Modell und somit für den deutschen Markt uninteressant. Auch für den Treo 270 konnte kein Mobilnetz-Partner gefunden werden. Die Produktion des Treo 270 wurde im Sommer 2004 eingestellt und der Support leidet bis heute unter der direkt danach erfolgten Fusion von Handspring mit Palm zu palmOne: Supportseiten existieren nicht mehr oder werden auf die Startseite von palmOne umgelenkt, die SDKs für Software-Entwickler sind schwierig zu finden etc.

Treo 500/500v

Der Treo 500v ist das erste und einzige Gerät von Palm ohne Touchscreen. Es hat eine QWERTZ-Tastatur und läuft mit dem Betriebssystem Windows Mobile 6 Standard. Es war als "kleiner" Bruder des Treo 750 gedacht.

Technik

Gewicht (mit Akku): 120 gr

Maße in mm (ohne Antenne): 61,4 x 109,9 x 16,8

Akku-Kapazität (Herstellerangaben in Std.):

GSM: Gesprächszeit 4,5 | GSM: Stand-

by-Zeit 240 | UMTS: Gesprächszeit 4,5 | UMTS: Stand-by-Zeit 240
Li-Ionen-Akku
Triband, GPRS, UMTS
Bluetooth: 2.0 + EDR
Datenrate Empfangen und Senden (Herstellerangabe): 384 Kbit
Mobile TV via UMTS
Display: 320 x 240 px (=49,5 x 37,1mm), 65.536 Display-Farben, kein Touchscreen
Kamera: Auflösung Fotos: 1,9 MP, digitaler Zoom: 2,4 | Auflösung Videos: 320 x 240 px
2,5mm Klinkenbuchse für Kopfhörer
Speicherkapazität intern: 128 MB, microSD-Kartenslot (unter Akku)

Treo 600

Das letzte Gerät von Handspring überhaupt sollte wieder ein Smartphone sein. Im Unterschied zu allen anderen Modellen der Treo-Reihe hatte der Treo 600 keine Klappe und lief auf Palm OS 5 (Garnet, genauer: 5.2.1H) Als Quadband Mobiltelefon ist das Treo 600 fast überall auf der Welt einsetzbar. Als erstes Smartphone von Handspring bot es einen SD-Erweiterungsslot, wie ihn sonst nur noch der Treo 90 besitzt (s. o.). 32 MB RAM und 144 MHz Prozessor sorgten für deutlich kürzere Latenzzeiten beim Wechsel zwischen Applikationen und beim Tippen. Der 5-Wege-Navigator vereinfachte die Bedienung, mit der integrierten Digitalkamera lassen sich immerhin Schnappschüsse machen (oder zum Beispiel die Umgebungshelligkeit messen und die Hintergrundbeleuchtung entsprechend einstellen). Mit 168 Gramm war der Treo 600 kein Leichtgewicht, lag aber dank des runden Gehäuses angenehm in der Hand. Abmessungen: 11,2 cm × 6 cm × 2,2 cm, immerhin konnte Handspring das Gerät also schmaler machen. Aufgrund enorm hoher Preise und sehr später Einführung in Europa blieb auch diesem Gerät der ganz große Durchbruch versagt. Technisch konnte er mit den aktuellen Geräten der Konkurrenz nicht ganz mithalten, so fehlten auch beim Treo 600 ein hochauflösendes Display und eingebaute Bluetooth-Schnittstelle (der Datenaustausch musste via USB-Kabel erfolgen). Diese Mängel wurden beim Nachfolger Treo 650 beseitigt, der aber bereits unter der Regie von palmOne erschien.

Treo 650

Treo 650 CDMA

Der *Treo 650* ist seit dem 4. Quartal 2004 in den USA auf dem Markt (Verkauf bis Ende 2004 nur durch die US-Telefongesellschaft Sprint) und besitzt im Gegensatz zu den Vorgängern unter anderem ein hochauflösendes Display (320×320 Pixel), Bluetooth-Unterstützung, EDGE, nichtflüchtiges RAM (NVFS), einen schnelleren 312-MHz-Prozessor und eine verbesserte VGA-Digitalkamera. In den USA ist auch eine CDMA2000-Version des Treo 650 verfügbar.

In Deutschland war das Gerät seit dem 10. März 2005 auf dem Markt. Nach der Vorstellung des Geräts in einem Artikel auf Golem.de war zunächst lange spekuliert worden, ob das Smartphone überhaupt von einem der vier deutschen Mobilfunknetzbetreiber angeboten werden würde. Seit Sommer 2005 war der Treo 650 dann bei e-Plus zu bekommen.

Weil das Smartphone Stoffe enthält, die nach der bereits im Januar 2003 verabschiedeten europäischen RoHS-Verordnung nicht mehr erlaubt sind, darf es seit dem 1. Juli 2006 in Europa nicht mehr vertrieben werden. Ausgenommen von diesem Verbot bleiben nur alte Lagerbestände.

Die Verwaltung des neu eingeführten nichtflüchtigen Speichers mittels NVFS sorgte direkt nach dem Verkaufsstart für Negativschlagzeilen (Heise-Newsticker): Der Treo 650 speicherte Daten wesentlich ineffizienter als das nominell gleichwertig ausgestattete Vorgängermodell Treo 600, so dass für den Anwender weniger Arbeitsspeicher zur Verfügung stand. Palm legte darauf hin bei etlichen Käufen eine 128 MB SD-Karte bei und stellte schließlich einen Patch bereit, der das Problem endgültig löste.

Treo 680

Treo 680

Der *Treo 680* wurde am 12. Oktober 2006 als Low-End-Modell vorgestellt. Er verfügt über folgende Daten:
- Palm OS 5.4.9 (Garnet)
- 65.536 Farben
- VGA-Kamera 640×480
- Intel XScale 312-MHz-Prozessor
- RAM: 64 MB
- GSM/GPRS/EDGE (Quadband)
- SD-Kartenslot hoher Kapazität
- Bluetooth 1.2
- Gewicht: 157 Gramm
- Stromversorgung Lithium-Ionen

Akku 3,7 V, 1200 mAh

Optisch ähnelt das Smartphone dem 750v (also insbesondere ohne Antennenstummel); außerdem ist es (zumindest in den USA) in vier Farben verfügbar. Obwohl es nicht als Nachfolger des Treo 650 vorgestellt wurde, wird der Treo 680 nach dem Verkaufsstop des 650er in Europa (s. o.) als Nachfolger betrachtet. Die meisten Änderungen sind optischer Natur, Ausnahmen sind unter anderem der größere Speicher, Bluetooth 1.2 statt 1.1 und die optischen Verbesserungen. Leider ist die Akkulaufzeit weit hinter dem des Treo 650 – auch nach einem Softwareupdate. Prinzipiell sollten mit dem Treo 680 Kunden angesprochen werden, welche bis jetzt noch kein Smartphone gekauft hatten bzw. kaufen wollten.

Als Kritikpunkte wurden nach der Präsentation die fehlende WLAN- und UMTS-Unterstützung (auch nicht nachrüstbar) genannt; weiterhin ist auffällig, dass Palm weiterhin das PalmOS 5 verwendete. Hierbei darf allerdings nicht vergessen werden, dass WLAN und UMTS in einem Smartphone bisher kaum verfügbar waren und das PalmOS gegenüber der Originalversion deutlich erweitert wurde.

Anfang 2008 wurde von Palm ein Firmware-Update für den Treo 680 bereitgestellt. Dieses aktualisiert etliche Komponenten des Betriebssystems. In den meisten Anwendungsfällen ergibt sich durch das Update eine verbesserte Akkulaufzeit und Zuverlässigkeit des Geräts. Zudem wurden einige bereits zuvor veröffentlichte Aktualisierungen und Patches aufgenommen, etwa die Unterstützung von Direct-Push bei Exchange-Active-Sync-Konten im E-Mail-Client.

Unmittelbar nach dem Treo-680-Update auf Version 2.12 brachte Palm den Centro für GSM-Netze auf den Markt. Dieser bietet im Wesentlichen die Funktionalität des Treo 680, allerdings in einem deutlich kleineren Gehäuse.

Treo 700w

Der *Treo 700w* wurde am 25. September 2005 vorgestellt und ist seit dem 5. Januar 2006 in den USA beim Mobilfunkprovider Verizon verfügbar. Im Gegensatz zu den anderen Treo Modellen ist er bisher nur in einer Version für das amerikanische CDMA2000-Netz erhältlich. Es ist unklar, ob jemals eine GSM-Variante verfügbar sein wird. Als erster Organizer von Palm verwendet der Treo 700w Windows Mobile 5.0 statt Palm OS. Die Gründe für den Betriebssystemwechsel wurden nicht bekanntgegeben, allerdings ist zu vermuten, dass seitens der Provider ein Smartphone mit dem Windows-Betriebssystem (welches hinsichtlich der Marktanteile Palm OS inzwischen überholt hat) und der guten Bedienung des Treos gewünscht wurde.

Die technischen Daten sind für ein Windows Mobile Smartphone gut, verglichen mit aktuellen Windows Mobile Handhelds aber bescheiden:
- 240×240-Pixel-TFT
- Intel-XScale-312-MHz-Prozessor
- 128 MB RAM (62,95 MB Arbeitsspeicher, 25,45 MB Programmspeicher), nicht-flüchtig
- Bluetooth 1.2
- 1,3-Megapixel-Kamera
- Schnittstelle für MMC-, SD- oder SDIO-Karte
- CDMA2000 EVDO, 1800/900 MHz

Treo 700p

Treo 700p CDMA

Auch der *Treo 700p* ist bislang nicht als GSM-Version verfügbar. Er verfügt über folgende Eigenschaften:
- Palm OS 5.4.9 (Garnet)
- 320×320 Pixel TFT
- Intel XScale 312 MHz Prozessor
- 128 MB nichtflüchtiger Speicher
- Bluetooth 1.2
- 1,3-Megapixel-Kamera (Videos 352×288)
- Schnittstelle für MMC-, SD- oder SDIO-Karte
- CDMA2000 EVDO, 1800/900 MHz
- Die Palm-WiFi-Karte wird nicht unterstützt.

Treo 750/750v

Vom *Treo 750* gibt es zwei Varianten: den „normalen" Treo 750 und den von Vodafone gebrandeten 750v.
- Codename Lennon
- Windows Mobile 5.2 Pocket PC Phone Edition
- 65.536 Farben
- 1,3-Megapixel-Kamera
- Samsung SC32442A 300 MHz
- Flash ROM: 128 MB
- RAM: 64 MB
- GSM/GPRS/EDGE/UMTS
- MiniSD
- Bluetooth 1.2

Treo 800w

Den Treo 800w gab es nur für etwa 6 Monate in den USA als CDMA-Gerät.
- Windows Mobile 6.1 Professional
- 2,4-Zoll-Display, 320×320 Pixel
- 65.536 Farben
- 2-Megapixel-Kamera
- TI-Omap-2430-Prozessor 333 MHz
- ROM: 256 MB
- RAM: 128 MB (SDRAM)
- CDMA2000 EVDO, 1800/900 MHz
- MicroSDHC, SDIO
- GPS-Modul, WLAN IEEE 802.11g, Bluetooth 2.0
- Größe: 58×112×19 mm
- Gewicht: 140 g

Centro

Am 27. September 2007 stellte Palm in den USA den *Centro* vor. Es handelt sich um ein mit dem Treo 680 nahezu identisches Gerät, abgesehen davon, dass es etwas kleiner ist und die Kamera eine höhere Auflösung bietet. In Deutschland ist der Palm Centro seit März 2008 erhältlich. Insbesondere die Software wurde nicht wesentlich verändert, allerdings wird der Kartendienst

Google Maps mitgeliefert. Weil der Centro aber kein WLAN hat, wird er eine Positionsbestimmung (außer über externe GPS-Empfänger) nur anhand von GSM-Funktürmen durchführen können.

Auch der Centro korrigiert das Bild von Palm nicht, wonach das Unternehmen seit Jahren eine mehr oder minder unveränderte Hard- und Softwareplattform anbietet (wenn auch mit laufenden Preisreduktionen), und wonach das ehemals sehr innovative Unternehmen nicht mehr in der Lage ist, der Konkurrenz auf dem Smartphone-Markt durch wirkliche Neuentwicklungen Paroli zu bieten.

Im Januar 2009 stellte Palm jedoch das smartphone Palm Pre mit dem völlig neu konzipierten Betriebssystem WebOS vor.

Den Treo Pro gab es als "Treo 850" in den USA als CDMA-Gerät.

- Windows Mobile 6.1 Professional
- 2,4?-Zoll-Display, 320×320 Pixel
- 65.536 Farben
- 2-Megapixel-Kamera mit Video-Aufnahme
- Qualcomm® MSM7201 400 MHz
- ROM: 256 MB (100 MB frei)
- RAM: 128 MB (SDRAM)
- Radio, HSDPA/UMTS/EDGE/GPRS/GSM
- Triband-UMTS – 850, 1900, 2100 MHz
- Quadband-GSM – 850, 900, 1800, 1900 MHz
- in den USA CDMA2000 EVDO, 1800/900 MHz
- Wi-Fi 802.11b/g mit WPA, WPA2, 801.1x-Authentifizierung
- MicroSDHC
- GPS-Modul, WLAN IEEE 802.11g, Bluetooth 2.0
- Größe: 58×112×13 mm (2,36"×4,49"×0,53")
- Gewicht: ca. 140 g (4,69 oz)

Von „http://de.wikipedia.org/wiki/Palm_Treo"

Samsung Wave II S8530

Das **Samsung Wave II S8530** ist das Nachfolgemodell des Samsung Wave S8500, des ersten Handys mit dem Samsung-eigenen Betriebssystem bada.

Es ist von Werk ab mit der aktuellen Betriebssystem-Version Bada 1.2 ausgestattet und hat etwas größere Maße als sein Vorgänger: Das Display wurde von 3,3 Zoll beim Wave 8500 auf 3,7 Zoll vergrößert, wobei anstatt eines „Super"-AMOLED-Displays hier ein „SuperClear"-LC-Display zur Anwendung kommt. Des weiteren wurde die Form der Menütaste angepasst.

Ansonsten sind die Geräte von der Elektronik her gesehen weitgehend identisch.
Von „http://de.wikipedia.org/wiki/Samsung_Wave_II_S8530"

Samsung Wave S8500

Das **Samsung Wave S8500** (kurz: **Samsung Wave**) ist das erste Smartphone, das auf dem Betriebssystem Bada des südkoreanischen Konzerns Samsung basiert. Es ist seit Mai 2010 auf dem deutschen Markt erhältlich. Anfang des Jahres 2011 kam ein Nachfolger auf den Markt, der sich aber nur gering vom ersten Modell unterscheidet. Siehe dazu Samsung Wave II S8530.

Hardware

Das System-on-a-Chip des Samsung Wave verfügt über einen 1-GHz-ARM-Cortex-8-Prozessorkern (ebenso wie der Apple A4 des iPads und iPhone 4) und den PowerVR SGX 3D-Grafikprozessor SGX540. Von den 2 GB internem Speicher sind 1,5 GByte mit Betriebssystem, vorinstallierten Apps, Widgets und Mediendateien belegt. Über eine microSD-Karte lässt sich der Speicher um bis zu 32 GByte erweitern.

Das Display ist ein multi-touchfähiger „Super-AMOLED"-Sensorbildschirm, dessen Auflösung 480 × 800 Pixel beträgt.

Das Wave bietet als erstes Smartphone WLAN 802.11n – neben 802.11b und 802.11g. Es verfügt ebenfalls als erstes Handy über Bluetooth 3.0, das Datenraten von bis zu 24 MBit/s erlaubt. Das Wave ist ein Quadband-GSM-Mobiltelefon (GSM 850/900/1800/1900 MHz) und unterstützt das UMTS-Netz in den Bändern 900 Mhz und 2100 MHz mit HSDPA 3,6 MBit/s. Zur Positionsbestimmung steht A-GPS zur Verfügung.

Es verfügt über einen 3,5-mm-Klinkenanschluss, TV-Ausgang (über Klinkenanschluss) sowie einen austauschbaren Akku mit 1500 mAh, der über die Micro-USB-Buchse geladen werden kann.

Es wurden ein Beschleunigungssensor zum automatischen Umschalten der Anzeige und zur Steuerung einiger Anwendungen durch Neigung des Gerätes installiert und ein Näherungssensor, der automatisch das Display deaktiviert, wenn das Telefon ans Ohr gehalten wird. Das Wave ist zudem mit einem geomagnetischen Sensor ausgestattet und lässt sich damit ohne vorhandene GPS-Verbindung als digitaler Kompass nutzen.

Die 5-Megapixel-Kamera mit 720p-Videoaufzeichnungsmodus und LED-Blitz beherrscht Autofokus, Gesichtstracking, Georeferenzierung und Foto-Stitching.

Software

Das Samsung Wave ist das erste Mobiltelefon, auf dem das Samsung-eigene Betriebssystem bada installiert ist. Darauf läuft die Benutzeroberfläche TouchWiz in der Version 3.0, die neben einer virtuellen Tastatur über Eingabemöglichkeit mittels Handschriftenerkennung verfügt.

Für das eigene Betriebssystem hat Samsung mit Samsung Apps eine eigene Online-Plattform gestartet, worüber weitere bada-Anwendungen geladen werden können.

Die Multimedia-Ausstattung umfasst einen Videoplayer, der HD-Videos in 720p-Qualität abspielt, Surround-Sound 5.1 unterstützt und neben MPEG-4, H. 263, H.264 und WMV auch DivX und Xvid erkennt.

Von „http://de.wikipedia.org/wiki/Samsung_Wave_S8500"

Smartphone

Ein **Smartphone** [ˈsmɑːtfəʊn] ist ein Mobiltelefon, das mehr Computerfunktionalität und -konnektivität als ein herkömmliches fortschrittliches Mobiltelefon zur Verfügung stellt. Aktuelle Smartphones lassen sich meist über zusätzliche Programme (sogenannte Apps) vom Anwender individuell mit neuen Funktionen aufrüsten. Ein Smartphone kann auch als ein kleiner transportabler Computer (PDA) mit zusätzlicher Funktionalität eines Mobiltelefons verstanden werden.

Grundlagen

Smartphones können durch folgende Merkmale von klassischen Mobiltelefonen, PDAs und Electronic Organizern unterschieden werden:
- Smartphones sind in Konstruktion und Bedienung nicht für das Telefonieren optimiert, sondern sollen die komfortable Bedienung einer breiteren Palette von Anwendungen ermöglichen. Typische Merkmale sind daher vergleichsweise große und hochauflösende Bildschirme, alphanumerische Tastaturen oder Touchscreens.
- Smartphones verfügen meist über ein Betriebssystem mit offengelegter API (siehe Abschnitt *Betriebssysteme*). Es ermöglicht dem Benutzer, Programme von Drittherstellern zu installieren. Mobiltelefone haben im Gegensatz dazu meist eine vordefinierte Programmoberfläche, die nur begrenzt, z. B. durch Java-Anwendungen, erweitert werden kann.
- Smartphones verfügen oft über unterschiedliche Sensoren, die in klassischen Mobiltelefonen seltener zu finden sind. Hierzu zählen insbesondere Bewegungs-, Lage-, Magnetfeld-, Licht- und Näherungssensoren sowie GPS-Empfänger.

Durch diese Merkmale bieten Smartphones die Grundlagen zur mobilen Büro- und Datenkommunikation in einem Gerät. Der Benutzer kann Daten (wie Adressen, Texte und Termine) über die Tastatur oder einen Stift erfassen und zusätzliche Software selbst nachinstallieren. Die meisten Geräte verfügen darüber hinaus noch über Digitalkameras.

Die bei PDAs z. B. zur Synchronisierung üblichen Verbindungsarten wie WLAN, Bluetooth, Infrarot oder die USB-Kabelverbindung werden durch die aus dem Handy-Bereich üblichen Verbindungsprotokolle wie GSM, UMTS (und HSDPA), GPRS und beispielsweise auch HSCSD ergänzt.

So ist es beispielsweise möglich, unterwegs neben der Mobiltelefonie auch SMS, MMS, E-Mails sowie, bei modernen Geräten, Videokonferenzen per UMTS oder Internet-Telefonie (VoIP) mit WLAN über Internet-Zugriffspunkte zu nutzen. Theoretisch können damit neben Videostreamings aus dem Internet (z. B. über WLAN) auch Fernsehprogramme über DVB-H und mit entsprechender Hardware auch DVB-T empfangen werden.

Ein weiteres Beispiel ist die eingebaute oder optionale Java-Unterstützung (auf CLDC- oder MIDP-Basis) – Mobiltelefone gelten als eine der populärsten Anwendungen von Embedded Java.

Geschichte

Vorreiter der Smartphone-Systeme war PEN/GEOS 3.0 des Herstellers GeoWorks im weltweit ersten Smartphone, der Nokia Communicator-Serie. Nokia wechselte später auf einen anderen Prozessor für die Communicator-Reihe 92x0, 9300, 9300i und 9500 und bildete hierzu eine Allianz mit Psion und dessen EPOC-System, um Symbian OS zu entwickeln. Wenig bekannt ist, dass Palm, der spätere Entwickler des Palm OS, seinen ersten Software-Marktauftritt innerhalb von PEN/GEOS 2.0, der frühen PDAs *Zoomer* und *HP Omnigo 100/120* hatte.

Vor- und Nachteile gegenüber Einzelgeräten

Die wesentlichen Vorteile einer Kombination von Handy, PDA, PMT, Kamera: Man muss nur noch ein Gerät mit sich führen. Es muss nur noch ein Akkuladestand überwacht werden und es erübrigt sich, z. B. Adressdaten sowohl im Handy als auch im PDA oder PMT parallel verwalten bzw. synchronisieren zu müssen. Als entscheidender Vorteil zeichnet sich jedoch die hochgradige Integration von Diensten und Anwendungen insbesondere über das Internet ab, mit der Kommunikation und Interaktion / Datenaustausch sowohl eine hohe Bandbreite von Nutzungsmöglichkeiten wie auch Qualität erreichen, die mit Einzelgeräten nicht umsetzbar wäre. So haben Smartphones mit einem hohen Grad mobiler Nutzung erheblich zum Erfolg Sozialer Netzwerke (Social Media) beigetragen. Ein weiteres gutes Beispiel hierfür ist Satellitennavigation, bei der Markttrend von PDA/Smartphone über PNA wieder zurück auf das Smartphone geht. Diese Entwicklung geht neben der deutlich steigenden Verbreitung von Smartphones vor allem einher mit der steigenden Leistungsfähigkeit mobiler Betriebssysteme. Beides trägt dazu bei, dass insbesondere auch technologische Neuerungen im Vergleich zu Einzelgeräten zunehmend oder ausschließlich auf Smartphones Einzug finden, wie z.B. neue Display-Technologien (AMOLED, Retina, Gorilla Glass), NFC (Near Field Communication) und Anwendungsgebiete wie Mobile Payment / Mobile Commerce oder Augmented Reality, die entweder integrierte Lösungen bedingen oder erst damit ihre volle Funktionsvielfalt nutzbar machen lassen.

Nachteile sind:
- Manche Benutzer sind durch die Vielzahl der Einstellungs- und Anwendungsmöglichkeiten überfordert.
- Es müssen häufig Kompromisse eingegangen werden. Kombigeräte können die meisten Aufgaben nicht so gut erledigen wie spezialisierte Geräte. Beispielsweise erreichen integrierte Digitalkameras nicht die Aufnahmequalität einer reinen Digitalkamera. Auch ist die Handhabung der einzelnen Funktionen weniger ergonomisch als bei spezialisierten Geräten.
- Die heutige Akku-Technologie stößt bei intensiver Nutzung der integrierten energiehungrigen Dienste wie Bluetooth, WLAN und GPS oder durch die Digitalkamera schnell an ihre Grenzen.
- Durch die Erweiterbarkeit des Systems und die Möglichkeit, Software selbst installieren zu können (Apps), besteht grundsätzlich eine Anfälligkeit auch für Schadsoftware wie Computerviren, Trojaner etc.

Merkmale

Dank einer immer größer werdenden Funktionsfülle lassen sich moderne Smartphones je nach Ausstattung u. a. nutzen als:
- Kommunikationszentrale (Mobiltelefon, Webbrowser, E-Mail, SMS, MMS sowie IP-Telefonie (VoIP), Instant Messaging (IM) und Chat, teilweise auch Fax, Video-Telefonie und Konferenz-Lösungen)
- Personal Information Manager (PIM) mit Adressbuch, Terminkalender, Aufgabenliste, Notizblock, Geburtstagsliste etc. mit Abgleich mit einer Desktop-Applikation oder über das Internet (Microsoft (Hosted) Exchange, Blackberry Dienst)
- Diktiergerät
- Datenspeicher
- Medienfunktionen mit MP3-Player, Radio, Videoplayer, Bildbetrachter, einfacher Foto- und Videokamera
- Taschencomputer (beispielsweise Textverarbeitung, Tabellenkalkulation, PDF-Reader, Taschenrechner etc.)
- Funk-Modem für den PC, auch Tethering genannt
- Navigation mit Navigationssystem und Landkarten
- für andere standortbezoge Dienste (Location Based/Aware Services) wie mobile Umgebungssuche (von sogenannten Points of Interest (POI))
- Spiele-Plattform / mobile Spielkonsole
- Enterprise Mobility Client: Mobiles Zugangsgerät (i.d.R. als Thin Client) zu IT-Diensten und Servern innerhalb einer Unternehmensinfrastruktur, Einsatzbeispiele: ERP, CRM, Warenwirtschaftssystem, Spezial- und Branchenlösungen in der Industrie, Logistik, Medizin (KIS Krankenhausinformationssystem)

Ausführungen

Smartphones sind in unterschiedlichen Bauformen verfügbar, die sich nicht klar voneinander abgrenzen lassen. Ein häufiges Merkmal ist eine QWERTZ-Tastatur, die entweder eingeklappt bzw. eingeschoben werden kann (bspw. Samsung F700 Qbowl) oder typischerweise fest an der Gerätefront angeordnet ist (bspw. Nokia E61i). Letztere Bauform wird auch als Q-Smartphones (Q = Qwertz oder Qwerty) bezeichnet. Als weiteres Merkmal besitzen Smartphones häufig einen Touchscreen und lassen sich ähnlich einem PDA bedienen. Während einige Geräte (bspw. Apple iPhone) komplett auf die Bedienung mit den Fingern ausgelegt sind (diese Bauform wird auch als Touch-Phone bezeichnet), sind bei anderen Geräten viele Funktionen zusätzlich mit einem Eingabestift bedienbar (bspw. Sony Ericsson P1i). Zusätzlich verfügen Smartphones häufig über WLAN und GPS.

Verschiedene Smartphones

Siemens SX1 Smartphone (2004)

Smartphones Nokia Communicator

BlackBerry 8700c: QWERTY-Smartphone

Palm Pre

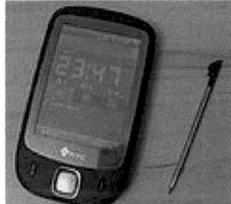
HTC Touch

Apple iPhone: Touchscreen

T-Mobile G1 Smartphone mit Google Android

Samsung SGH-I900 Omnia: Touchscreen

Sony Ericsson Xperia X10 mini pro

Am Markt haben sich aktuell mehrere Betriebssysteme für Smartphones etabliert:

- *Apple iOS*: bis Juni 2010 iPhone OS
- *bada*, von Samsung (eine Version mit Linux-Kernel)
- *BlackBerry*, von RIM: proprietäres System mit Schwerpunkt auf unternehmensweite E-Mail-Integration mit Pushtechnologie
- *Brew*, von Qualcomm
- *Linux* in verschiedenen Ausgestaltungen:
  - *Android*, von der Open Handset Alliance (unter der Leitung von Google) entwickelt
  - *MeeGo*, von Nokia und Intel initiiert
  - *Mobilinux*, von MontaVista
  - *Openmoko*
  - *webOS*, von Palm
- *Symbian*, von der Symbian Foundation verwaltet
- *Windows Phone* von Microsoft sowie die Vorgängerversion *Windows Mobile*

Da Smartphones komplexer sind als einfache Mobiltelefone, kann ein Smartphone als ein System bestehend aus unterschiedlichen, miteinander vernetzten Geräten betrachtet werden statt als ein einzelnes Gerät. Insbesondere das Mobilfunk-Modul bzw. -Modem ist dabei auch nur eines von vielen Geräten und hat daher zum Teil eine eigene Firmware und operiert in gewissem Maße unabhängig vom Rest des Systems, so etwa beim Apple iPhone, wo es als *Baseband* bezeichnet wird. Gemessen an weltweiten Marktanteilen der Hersteller je Smartphone-Betriebssystem ergibt sich folgendes Bild.

Vertriebswege Anwendungssoftware

Mit den Smartphones haben einige der Hersteller Mobiler Betriebssysteme eigene Ökosysteme entwickelt zur Vermarktung der für die jeweilige Plattform entwickelten Anwendungssoftware (Apps). Diese Apps werden über eine jeweilige zentrale Vertriebsplattform angeboten und können von dort kostenlos oder kostenpflichtig heruntergeladen werden. Die wichtigsten dieser zentralen Vertriebsplattformen sind:

- Windows Phone Marketplace von Microsoft
- Android Market von Google
- Ovi Store von Nokia
- App Store von Apple
- Blackberry App World von RIM

Sofern die Hersteller ihr Mobiles Betriebssytem für externe Quellen zur Installation von Anwendungssoftware zugänglich halten (alle Anbieter außer Apple und Microsoft), gibt es darüber hinaus auch weitere, oft plattformübergreifende Angebote durch App-Shops verschiedener Anbieter im Internet sowie die Möglichkeit des direkten Bezugs auf den Webseiten der Entwickler. Dabei werden die Apps entweder über einen PC heruntergeladen und über entsprechende Software bei Anbindung automatisch oder manuell auf das Smartphone installiert oder aber auch direkt (Over the air (OTA), über die Mobile Internetverbindung) auf das Smartphone geladen und installiert.

Sofern im Unternehmenseinsatz nicht auf interne IT- und Sicherheitsrichtlinien (Security Policies) weitestgehend verzichtet wird, kommen die vorgenannten Vertriebswege dort in der Regel nicht in Frage, sondern Apps werden durch einen Administrator zentral über Mobile Device Management (MDM) Lösungen dem Anwender zur Verfügung gestellt bzw. auch direkt auf sein Smartphone "gepusht" (automatisch installiert). Die Installation weiterer Apps durch den Anwender wird technisch unterbunden und verhindert.

Prozessor

Der Prozessor übernimmt wie in jedem Computersystem die anfallenden Rechenoperationen. Je nach Hersteller und Modell gibt es dabei große Leistungsunterschiede. Während ältere und einfachere Geräte nur relativ geringe Prozessor-Taktraten haben, können aktuelle Modelle über 1 GHz und mehr verfügen. Die meisten in Smartphones verbauten Prozessoren basieren auf lizenzierten Designs auf Basis der ARM-Architektur. In Nokias N-Serie haben Texas-Instruments-Prozessoren große Verbreitung gefunden. Diverse Geräte, darunter das N70, N80 und N90 sind mit dem Texas Instruments TI OMAP 1710 ausgestattet, der mit einer Taktrate von 220 MHz läuft. Mit besserer Ausstattung, insbesondere im Fotobereich, stieg auch der Bedarf für schnellere Prozessoren, so erhielten die Modelle Nokia N93 und N95, die beide hochauflösende Videos drehen und auch Fotos mit hoher Auflösung schießen, den TI OMAP 2420, ebenfalls von Texas Instruments, der über 330 MHz verfügt. Dadurch sind diese Geräte auch im Normalbetrieb deutlich schneller zu bedienen und qualifizierten sich zudem für Nokias mobile Spieleplattform N-Gage.

Über eine deutlich höhere Leistung verfügen Modelle von HTC. Sowohl im Touch Diamond, im Touch Pro als auch im Touch HD kommen Qualcomm-Prozessoren mit einer Taktfrequenz von 528 MHz zum Einsatz. Da HTC jedoch Windows Mobile als Betriebssystem einsetzt, welches auch mehr Ressourcen und Rechenleistung benötigt, bietet die höhere Prozessorleistung keinen großen Gewinn hinsichtlich der Arbeitsgeschwindigkeit. Noch höher ist die Prozessor-Geschwindigkeit von Apples iPhone, welches auch immer wieder für seine flüssige Bedienung gelobt wird. Seit den ersten Firmware-Updates ist bekannt, dass das iPhone mit 620 MHz getaktet wird. So laufen auch rechenintensive Funktionen wie Multi-Touch, ohne dass das Gerät dabei ins Stocken kommt und die Bedienung hakt.

Die nach eigenen Angaben mit einer Taktfrequenz von 1 GHz bisher schnellsten in einem Smartphone verbauten Prozessoren haben (Februar 2010) das TG01 von Toshiba, das Anfang 2010 erschienene Google Nexus One, sowie das HTC HD2 und das HTC Desire mit einem 1 GHz Qualcomm-*Snapdragon*-Prozessor. Das Sony Ericsson XPERIA X10 wird ebenfalls mit einem 1-GHz-Prozessor betrieben. Inzwischen hat auch die Firma Hewlett Packard nachgerüstet und stellte mit dem HP Palm Pre 2 ein Smartphone mit einem 1-GHz-Prozessor vor. Weiterhin besitzt das Samsung Galaxy S I9000 einen 1 Ghz-Prozessor mit Namen Hummingbird. LG Electronics hat mit dem P990 Optimus Speed / 2X das erste Dual-Core-Smartphone veröffentlicht.

Anmerkung

Die ersten Nokia Communicator 9000 und 9110(i) benutzten das auf DOS basierte PEN/GEOS-Betriebssystem auf einer Intel-x86-kompatiblen Hardware-Plattform.

Von „http://de.wikipedia.org/wiki/Smartphone"

Sony Ericsson Aino

Das **Sony Ericsson Aino** (auch U10i) ist ein Slidertelefon des Mobiltelefonherstellers Sony Ericsson. Es verfügt über eine gewöhnliche Tastatur und Touchscreen für multimediale Zwecke. Verkaufsstart war im Oktober 2009. Der Name leitet sich von der finnischen Mythologie ab und bedeutet in diesem Zusammenhang *wunderschöne Schwester*. Optisch ähnelt es dem Sony Ericsson Satio.

Technische Merkmale

Eines der Hauptmerkmale ist die 8,1-Megapixel-Kamera mit LED-Blitz. Mit der Kamera können auch Filme in HD-Qualität aufgenommen werden. Das Telefon unterstützt Wi-Fi. Der interne Speicher ist mit 55 MB bemessen und kann mit einer SD-Speicherkarte auf 16 GB erhöht werden. Darüber hinaus ist es möglich, über *Remote Play* auf eine PlayStation 3 zuzugreifen. Mit *Media Home* können nach Herstellerangaben verschiedene Daten vom PC auf das Mobilteil gespielt werden. Die Kamera, Bilder, Musik, Filme und das Radio sind über den Touchscreen aufrufbar. Bei einem ankommenden Telefonat kann das Gespräch über den Touchscreen angenommen und beendet werden; auch die Weckerfunktion ist per Bildschirm erreichbar. Das kostenpflichtige aGPS macht Streckenplanungen möglich. Im Lieferumfang des in den Farben Schwarz und Weiß erhältlichen Mobiltelefons enthalten sind ein Bluetooth-Headset und eine Tischladestation, mit der man Telefon und Headset gleichzeitig aufladen und dieses als Verbindung zum Computer dienen kann.

Von „http://de.wikipedia.org/wiki/Sony_Ericsson_Aino"

Sony Ericsson Vivaz

Das Vivaz ist ein Smartphone von Sony Ericsson welches im März 2010 erschien. Es läuft mit dem Symbian-Betriebssystem und wird über einen Touchscreen bedient. Der Name Vivaz kommt aus dem Spanischen und bedeutet so viel wie ausgelassen oder lebhaft.

Technische Merkmale

Das Hauptmerkmal des Vivaz ist die 8,1 Megapixel Kamera die Videos mit 1. 280 x 720 Pixel in HD aufnimmt. Der 3,2 Zoll große Touchscreen kann mit dem Finger oder dem mitgelieferten Stylus bedient werden. Das Smartphone wurde mit Wlan und HSPA ausgestattet sodass man schnell surfen oder Videos hochladen kann. Das Vivaz verfügt über 75 MB freien, internen Speicher, allerdings wird von Sony Ericsson eine microSD Speicherkarte mit einer Kapazität von 8GB mitgeliefert. Das Smartphone verfügt über GPS, sodass es mit entsprechender Software über die Funktionen eines mobilen Navigationssystems verfügt. Der integrierte MP3-Player spielt die Dateiformate MP3, WMA, WAV, RA, AAC, M4A, WMV, RV, MP4 und 3GP ab.

Vivaz Pro

Das Sony Ericsson Vivaz pro verfügt über eine zusätzliche ausziebare QWERTZ-Tastatur. Hat aber im Gegensatz zu seinem Vorgänger eine 5 MP Kamera.

Von „http://de.wikipedia.org/wiki/Sony_Ericsson_Vivaz"

Symbian Foundation

Die **Symbian Foundation** ist eine Non-Profit-Organisation, die bis November 2010 (mit einer Übergangsfrist bis April 2011) die Symbian-Plattform überwachte, ein Betriebssystem für Handys, das auf dem von der Symbian Ltd. entwickelten und lizenzierten Symbian OS basiert. Die Symbian Foundation entwickelte die Plattform nicht direkt, sondern bewarb, koordinierte und überwachte die Kompatibilität zwischen Symbian-Entwicklungen. Die Foundation bot auch mehrere wichtige Services für ihre Mitglieder und die Entwickler-Community, etwa die Sammlung und Verbreitung des Quelltexts, Software Development Kits, Dokumentation und die Verbreitung von Symbian-Anwendungen.

Im November 2010 gab Nokia bekannt, die Entwicklung der Symbian-Plattform nach einer Übergangsfrist ab April 2011 komplett selbst zu übernehmen. Die Foundation wird ab diesem Zeitpunkt nur noch für die Lizenzierung des Betriebssystems zuständig sein. Nokia hatte auch bis dahin die Hauptlast der Symbian-Entwicklung getragen, musste jedoch die Neuerungen stets über die Stiftung in einem umständlichen Prozess von den Konkurrenten genehmigen lassen und mit ihnen abstimmen. Zuletzt waren wichtige Mitglieder abgesprungen, wie Sony Ericsson und Samsung, die mitgeteilt haben, keine Symbian-Handys mehr herzustellen. Nur noch Nokia und Fujitsu setzen das Betriebssystem ein. Für seine künftigen Oberklassehandys setzt Nokia auf die mit dem Chiphersteller Intel entwickelte Software Meego.

Die Foundation (englisch für Stiftung) wurde von Nokia, Sony Ericsson, NTT DoCoMo, Motorola, Texas Instruments, Vodafone, LG Electronics, Samsung Electronics, STMicroelectronics und AT&T gegründet.

Veröffentlichungen der Symbian-Plattform wurden als **Symbian1**, **Symbian2** etc. bezeichnet (ausgesprochen als "Symbian eins", "Symbian zwei"). Obwohl ursprünglich erst für Mitte 2010 vorgesehen, wurde die Symbian3-Plattform bereits am 4. Februar 2010 unter der Eclipse Public License, einer Open-Source-Lizenz, veröffentlicht. Laut der Symbian Foundation war das weltweit die bisher größte Code-Basis, die als Open Source veröffentlicht wurde. Der vollständige Quelltext einer früheren Veröffentlichung der Symbian-Plattform, Symbian2, war nach wie vor auf Mitglieds-Organisationen beschränkt; die Mitgliedschaft stand allerdings allen interessierten Firmen und Organisationen offen.

Im Gegensatz zum früheren Symbian OS, das ein zusätzliches User-Interface-System (UI) benötigte (entweder S60, UIQ oder MOAP(s)) beinhaltete die Symbian-Plattform eine UI-Komponente.

Mitglieder der Symbian Foundation waren im Oktober 2010:
Von „http://de.wikipedia.org/wiki/Symbian_Foundation"

Xperia

Die Marke **Xperia** steht für eine Produktserie von Smartphones von Sony Ericsson, die als Lifestyleprodukte vermarktet werden.

Xperia

Die Xperia-Produktserie wurde am 10. Februar 2008 in Barcelona vorgestellt, um dem Konvergieren der Anwendungsbereiche Web, Multimedia und Applikationen auf hochwertigen mobilen Endgeräten entgegenzukommen. Der Zugriff auf alle wichtigen Funktionen soll durch eine von Sony Ericsson neu entwickelte Benutzeroberfläche, dem „XPERIA panel interface", besonders einfach sein. Mit der Aussage von Rikko Sakaguchi (Head of Portfolio and Propositions, Sony Ericsson): „*Our vision for the XPERIA™ X1 is to deliver a seamless blend of mobile Web communication and multimedia entertainment within a distinctive design*" (deutsch: „*Unser Ziel für das XPERIA™ X1 ist es, eine nahtlose Verschmelzung von mobiler Web Kommunikation und Multimedia Entertainment in einem unverwechselbaren Design zu liefern.*") positioniert Sony Ericsson das erste Gerät der Serie klar im gleichen Segment wie das Apple iPhone.

XPERIA Mobiltelefone

Sony Ericsson Xperia X1

XPERIA X1

Das **Sony Ericsson XPERIA X1** ist das erste Modell der Xperia-Serie. Das Gerät ist ein Smartphone mit einer herausziehbaren QWERTZ-Tastatur und verfügt über einen 3-Zoll-WVGA-Touchscreen mit einer Auflösung von 480x800 Pixeln. Als Betriebssystem wird Windows Mobile 6.1 Professional eingesetzt, auf dem das *Xperia panel interface* aufbaut. Das X1 ist das erste Mobiltelefon von Sony Ericsson mit einem Windows-Betriebssystem. Das X1 soll eines der ersten Mobiltelefone auf dem europäischen Markt sein, welches neben WLAN und HSDPA auch HSUPA zur Datenübertragung unterstützt. Weitere Besonderheiten des Produkts sind ein aGPS-Empfänger sowie ein dedizierter Grafikchip. Es wird im Auftrag von Sony Ericsson von HTC unter dem Namen *Kovsky* produziert, die mit dem HTC Touch Diamond bzw. HTC Touch Pro ein hardwareseitig sehr ähnliches Mobiltelefon auf dem Markt haben.

XPERIA X2

Das **Sony Ericsson XPERIA X2** wird das zweite Modell der Xperia-Serie werden. Das Gerät soll die Nachfolge des X1 antreten und mit Windows Mobile 6.5 ausgestattet sein. Nach offiziellen Angaben von Sony Ericsson wird das X2 kurz nach dem Marktstart mit Version 6.5.1 und später 6.5.3 des Windows Mobile Betriebssystems aktualisiert werden. Ein Update auf Windows Phone 7 wird aus technischen Gründen nicht möglich sein. Das X2 hat weitestgehend dieselben Hardwarespezifikationen, was den Prozessor, Grafikchip, Ram und Flash-Speicher angeht, aber auch einige technische Verbesserungen. Dazu gehören die 8-Megapixel-Kamera mit Autofokus sowie LED-Blitz, Stereo-Lautsprecher und ein mit 3,2″ etwas größeres Display. Der offizielle Marktstart war im Januar 2010 in den USA, März 2010 in Frankreich und Großbritannien und voraussichtlich Ende Mai im restlichen Europa.

XPERIA X5
Sony Ericsson Xperia Pureness UMTS, Bluetooth, HSDPA, uvm. Proprietäres OS, Besonderheit: Transparenter Scratch-Resistant Monochrom-TFT-Display (1,8 Zoll).

XPERIA X8
Sony Ericsson Xperia X8 (Codename Shakira) EGPRS, EDGE, UMTS, HSDPA, WLAN, GPS. Als Betriebssystem kommt Android 1.6 zum Einsatz (Ein aktuelles Update auf 2.1 ist möglich). Es ist mit einem Touchscreen und einer 3,2-Mexapixel-Kamera ausgestattet. Der Prozessor läuft mit 600 MHz. Der Anschluss für die Kopfhörer ist eine 3,5 mm Klinkenbuchse. Apps für das Sony Ericsson Xperia X8 gibt es auf dem Android-Markt. Die Musikwiedergabe beträgt ca. 23 h 40 min.
Eigenschaften

XPERIA X10
Das **Sony Ericsson XPERIA X10** (Codename *Rachael*) ist das erste Smartphone der Xperia-Reihe, welches auf dem Mobil-Betriebssystem Android basiert. Das Android-Betriebssystem ist vom Hersteller mit einer eigenen Benutzeroberfläche ausgestattet, welche sich User-Experience-Plattform (UX) nennt.
Eigenschaften
Im Herbst 2010 gab es ein Update von Android 1.6 auf 2.1. Anfang 2011 gab Sony Ericsson bekannt keine weiteren Updates mehr für das Xperia X10 bereitzustellen. Dies wurde allerdings am 25. März wieder zurückgenommen und Sony Ericsson kündigte für Juli/August 2011 ein Update auf Android Version 2.3.3 an. Am 29.07.2011 wurden einige Länder mit dem Update versorgt. (Europa,Asien...) Andere Länder sollen das Update bis zum 05.08.11 erhalten.

XPERIA X10 mini (pro)

XPERIA X10 mini

Im Februar 2010 wurde das **Sony Ericsson Xperia X10 mini** und **Sony Ericsson Xperia X10 mini pro** (Codename *Robyn*) angekündigt. Diese Modelle fallen, wie der Name schon sagt, sehr klein aus. Der Unterschied zwischen *mini* und *mini pro* liegt darin, dass die *pro*-Version eine vollwertige QWERTZ-Tastatur bietet und der Akku austauschbar ist. Die beiden *mini*-Versionen haben einen 2,55″ kleinen Touchscreen (kapazitiv), einen 600-MHz-Qualcomm MSM7227-Prozessor, eine 5-MP-Kamera und die bereits im „großen" X10 verwendete Oberfläche (UX) sowie Timescape. Beide Handys werden mit dem Betriebssystem Android in der Version 1.6 ausgeliefert. Am 30. Oktober 2010 wurde von Sony Ericsson ein Update auf Android 2.1 veröffentlicht.
Eigenschaften

XPERIA Arc
Das Quadband-Smartphone **Xperia Arc** verfügt über ein Update auf Android 2.3.3 (Auslieferung 2.3.2). Die aktuelle Frimewareversion ist 4.0.A.2.368. Es unterstützt WLAN 802.11b/g/n, aGPS, UKW-Radio. Außerdem besitzt sitzt ein Mini-HDMI Anschluß an der Oberseite. Es besitzt einen TFT-LCD Bildschirm welcher, laut Hersteller durch die Bravia-Engine Farben lebensechter darstellen soll.
Eigenschaften
Eigenschaften

XPERIA neo / pro
Für die beiden Quadband-Smartphones steht Android 2.3 zur Verfügung, jedoch wird das **XPERIA pro** (welches eine Tastatur haben wird) noch nicht ausgeliefert. Es wird Wi-Fi, aGPS und UKW-Radio empfangen.
Eigenschaften

XPERIA mini (pro)
Im Mai 2011 wurde das **Sony Ericsson Xperia mini** und **Sony Ericsson Xperia mini pro** angekündigt. Diese Modelle haben ungefähr Kreditkartenformat und sind damit das 'weltweit kleinste Smartphone mit HD-Videoaufnahme' (bezogen auf das Produkt aus Länge x Breite, im Juni 2011). Trotzdem hat die Pro-Version eine physische Tastatur und eine zweite Kamera auf der Vorderseite. Wie auch bei den Highend-Smartphones 'Xperia Arc' und 'Xperia Play' kommt die 'Mobile Bravia Engine' (Bildqualität) zum Einsatz. Die Kamera beider Modelle hat eine Auflösung von 5 MP. Es wird Wi-Fi, aGPS und UKW-Radio empfangen. Beide Handys werden mit dem Betriebssystem Android in der Version 2. 3 ausgeliefert werden (Erscheinungstermin: 3. Quartal 2011).
Eigenschaften
Von „http://de.wikipedia.org/wiki/Xperia"